우리는 어떤 삶을 선택할 수 있을까

우리는 어떤 삶을 선택할 수 있을까

인류 고전 15권에 묻고 스스로 답하다

박병기 지음

인간사랑

차
례

2부 다른 사람 및 공동체와 관계 맺기

머리말

우리가 함께 살아가고 있는 이 시대는 휘황한 불빛 아래 하염없이 내리는 봄비처럼 처량하다. 그 밝고 화려함 속에서 자신의 내밀한 부분까지 어쩔 수 없이 드러내야 하는 황망함은 처량한 심사로 이어지면서 하루하루의 일상을 지배하고 있다. 외적 풍요와 내적 빈곤으로 요약될 수 있는 이러한 시대 상황은 세계화의 흐름을 타고 우리 사회의 모든 구성원들에게 강력한 영향력을 발휘하고 있는 중이다.

이웃나라 일본의 원자핵발전소 사고로 인한 방사선 노출과 중국의 심각한 대기오염, 북한 김정은 정권의 공포정치, 미국으로 상징되는 이른바 전통적인 강대국의 부도덕한 리더십 등이 국내 정치의 무력함과 겹치면서 한반도 남쪽을 지키며 살아가고 있는 우리들의 삶 또한 지속적인 위험과 불안감으로 휩싸이고 있다. 이런 상황일수록 각자가 중심을 잡고 살 수 있도록 도와주는 종교나 철학의 역할이 중요하지만, 불행히도 우리 종교계나 철학계는 그런 역할을 제대로 해내지 못하면서 스스로 몰락해가고 있거나 오히려 상황 악화를 부추기고 있다.

그럼에도 우리는 자신의 삶을 포기할 수 없다. 이런 상황 속에서 지속적으로 몰락해가는 삶의 의미 영역과 여유 공간을 적극적으로 인식하면서 어떻게든 보전해보고자 노력하는 일이 더 절실한 과제로 부각될 수밖에 없다. 그렇지 않을 경우 삶의 기반 자체가 붕괴되면서 견딜 수 없는 고통으로 이어질 것이기 때문이다. 이 상황에 끌려가지 않으면서 자신의 삶을 추스를 수 있는 방법이 있을까?

우리 시대 삶의 양상들

시대의 흐름에 휩쓸리지 않고 자신의 삶을 스스로 이끌어갈 수 있기 위해서는 먼저 그 흐름을 직시할 수 있어야만 한다. 우리 인간은 모두 구체적인 존재자로서만 살아갈 수 있고, 그 존재자로서의 기본 요건은 시간과 공간이다. 어느 시기 동안만 존재할 수 있는 유한자로서의 인간은 동시에 구체적인 공간 속에서 이야기를 만들어 장소성을 갖춤으로써만 비로소 온전한 삶을 영위할 수 있다. 만약 공간이 주어져 있을지라도 이야기를 더할 수 없다면 온전히 살아있다고 말하기 어렵고, 이야기를 더해가는 장소성 또한 구체적인 시간이 주어져 있을 때에만 얻을 수 있다.

'우리 시대'는 그런 점에서 인류 역사상 존재했거나 존재하고 있는 모든 인간들이 사용할 수 있는 개념이다. 원시인들에게는 그들만의 '우리 시대'가 있고, 21세기 인간들인 우리들에게도 '우리들만의 시대'가 있다. 이런 보편적으로 공유 가능한 시대성과 함께 각각의 시대가 지니는 고유한 속성이 있고, 우리는 역사를 통해 그 각각의 특징을 비교해볼 수 있다. 물론 우리가 호출할 수 있는 역사 속의 시대는 현재의 관점에서 해석해낸 재해석의 결과물일 뿐이어서 엄밀히 말하면 모든 역사는 현재의 역사라고 보아야 할 것이지만, 그 현재의 역사 또한 지속적인 재해석의 대상으로 자리매김하면서 미래의 역사로 이어진다.

이처럼 과거와 미래라는 시간의 연속성 속에서 지금 이 순간 우리에게 주어지고 있는 현재, 즉 우리 시대의 삶은 다른 시대의 그것과 비교해서 어떤 특별한 속성을 지니고 있는 것일까? 이 물음이 중요한 이유는 그 속성을 제대로 볼 수 있을 때에야 비로소 그것을 자신의 삶과의 연관성 속에서 활용하거나 극복할 수 있는 가능성이 생기기 때문이다.

우리 시대의 삶은 세계관으로서의 근대성 개념 속에 포섭되어 있다. 시대적 개념으로서의 근대는 주로 서구의 어느 특정 시점을 가리키는 개념이지만, 세계관으로서의 근대성은 현재 우리 삶을 지배하고 있는 구체적인 관점이자 삶의 양식 자체이다. 21세기 초반 한국사회에 살아가고 있는 우리들은 모두 이 세계관으로서의 근대성으로부터 전혀 자유롭지 못하다. 이 근대성을 캐나다의 윤리학자 앤드류 포터는 자연과학의 발달로 인한 세상에 대한 환멸, 고립된 개인의 자유와 권리를 중심에 두는 자유주의적 개인주의, 인간의 이기심에 기반한 자본주의적 시장경제라는 세 요소로 규정하고 있다.[1]

그리스 사상과 그리스도교라는 두 사상적 배경에 뿌리를 둔 서구와는 달리 우리는 주로 불교와 유교라는 사상적 배경을 토대로 전통사회를 구성했고, 다시 19세기의 수동적인 개

1 앤드류 포터, 노시내 옮김(2016), 『진정성이라는 거짓말』, 마티, 30쪽.

방과 20세기의 적극적인 수용을 통해 서구적 근대성을 받아들였다. 그런 점에서 포터의 세계관으로서의 근대성이 우리에게 받아들여지는 과정은 유교와 불교로 상징되는 전통의 개입을 전제로 하는 것일 수밖에 없다. 그 개입 과정 속에서 일정한 역할을 해냈거나 하고 있을 전통은 그러나 점차 뒤로 밀리면서 소극적인 요소로 전락하거나 눈에 보이지 않는 무의식 속에서만 존재하는 것으로 되고 말았다.

그렇게 재구성된 21세기 초반 한국사회를 전제로 하는 '우리 시대의 삶'은 외형적으로는 비교적 단조로우면서도 그 속성 자체는 복잡성과 복합성을 특징으로 하면서 개인으로서의 우리들에게 강력한 영향력을 행사하고 있다. 여기서 복잡성이나 복합성이라는 개념은 우리에게 그다지 많은 것을 알려주지 않기 때문에, 좀 더 구체적인 양상을 드러내야 한다는 실천적 과제가 주어진다.

우리 시대 삶의 양상을 구체적으로 드러낼 수 있는 개념 또는 특징은 무엇일까? 필자는 그것을 과장된 생존 욕구와 갈수록 희미해지는 삶의 의미 물음이라고 생각한다. 생존은 살아있는 모든 것들의 지상 과제이고 그것만큼 중시되어야 하는 삶의 요소지만, 절대적인 생존이 해결될 경우에는 급격히 약화되는 속성을 지닌 것이다. 그런데 우리 시대의 생존 욕구는 쉽게 약화될 조짐을 보이기는커녕 점점 더 과장된 모습으로 다가와 우리들을 억압하고 있다. 그 억압이 젊은 세대에게는 결혼과 출산을 미루거나 아예 거부하는 모습으로 나타나고 있고, 장년세대에게는 급격히 늘어날 노년 생활에 대한 과도한 불안감으로 엄습하고 있다.

우리 시대 삶의 양상 중에서 더 심각한 주제로 삼을 만한 것은 삶의 의미 물음에 관한 무관심과 무감각이다. 삶의 의미 물음은 인간을 다른 존재자들과 구별시켜주는 가장 핵심적인 요소이다. 생존의 차원에 실존 또는 진여(眞如)의 차원을 더해주면서 온전한 인간으로 만들어주는 요소인 것이다. 이 차원을 결여한 삶은 인간의 것이라기보다 짐승의 것이거나 그보다도 못한 초라한 양상을 지닐 수 있을 뿐이다. 그런데 우리 시대의 삶은 그 의미 물음을 지속적으로 배제하는 양상으로 전개되고 있다. 자기 자식을 방치하거나 학대해 죽이기도 하는 부모들이 늘어가는 것이 그 적나라한 증거지만, 평범한 사람들의 삶이라고 해서 특별히 나을 것도 없다.

고전은 그러한 삶의 의미 물음에 관한 보편적인 탐구와 그 검증된 결과물을 담고 있는 책이다. 시간적 검증과 어느 사회에서나 적용될 수 있는 보편적 유효성을 확보한 것이 곧 고전이고, 이 고전에는 『금강경』, 『논어』, 『국가』 같은 전통적인 고전과 『정의론』, 『동물해방』 같은 현대의 고전들이 포함된다. 이것들을 관통하고 있는 화두는 당연히 삶의 의미 물음이자 인간다운 삶을 향한 열망이다.

우리 시대 고전 읽기라는 실천적 과제

그런데 고전은 쉽게 그 속살을 드러내지 않는다. 중요하고 꼭 보아야 할 책이라는 데는 누구나 동의하면서도 실제로 처음부터 끝까지 독파해낸 사람을 만나기는 쉽지 않은 상황이 지속된다. 그러다보니 자신은 읽지 않고서 자식들이나 학생들에게는 읽으라고 강요하는 이중적인 모습을 보이는 부모나 교사가 많아지는 것은 당연한 귀결인지도 모른다. 현실이 이러함에도 우리는 계속해서 고전을 입에 올려야 하는 것일까?

고전읽기를 통하지 않고서도 의미 있는 삶을 펼쳐갈 수 있는 길이 없지는 않다. 글을 모르고서도 자신의 삶 속에서 진정성을 지님으로써 의미를 찾아갈 수도 있고, 고전 같은 묵직한 문헌이 아닌 인터넷 검색을 통해 접할 수 있는 정보와 지식을 활용하여 그런 대로 윤기 있는 삶을 펼쳐갈 수 있는 가능성 또한 열려 있다. 그럼에도 우리가 고전읽기를 포기할 수 없는 지점이 있다면, 삶으로부터의 거리두기를 전제로 하는 사유와 성찰의 시·공간으로서의 고전읽기가 지니는 고유한 위상일 것이다.

우리는 너무 가까이에 있는 것을 제대로 볼 수 없다. 삶도 마찬가지여서 노동을 통한 삶과의 직접적인 만남을 통해서는 온전히 자신을 바라볼 수 없다. 그런 점에서 자신의 삶과의 거리두기는 삶의 의미 찾기를 위한 필수 요건이 되고, 그 거리두기의 방법 중에서 전통적인 유효성을 인정받고 있는 것이 바로 고전읽기다. 그런데 우리 시대는 영상매체와 가상공간의 확대로 인해 종이책에 담긴 고전에의 접근성이 현저히 떨어진 시대이고, 이 현실을 직시하지 않고서 고전읽기의 중요성만 강조하는 일은 자칫 공염불이 될 수 있다.

전자책이 지니는 편의성을 모르지 않지만, 종이책이 지니는 따뜻한 감촉 속에 숨어있는 여유와 성찰의 공간 또한 쉽게 사라지지 않을 것이라는 사실이 경험적으로 검증되고 있다. 그 종이책 중에서도 고전은 삶의 의미 물음을 중심으로 보편성과 감동을 숨기고 있는 검증된 문헌이고, 시간과 장소의 한계를 이미 뛰어넘은 것이기도 하다. 우리에게 남은 과제가 있다면, 먼저 스스로 그 고전 중 한 권이라도 제대로 읽어내면서 자신의 삶의 의미 물음을 적극적으로 껴안고자 노력하는 일이다. 그것이 가능할 수 있을 때라야 비로소 우리 아이들에게도 고전을 말할 수 있는 자격이 생긴다.

2015년에 고시되고 올 2018년부터 학교 현장에 적용되는 '2015 도덕과 교육과정'에는 고등학교 진로선택 과목으로 '고전과 윤리'가 포함되어 있다. 이 교육과정 개정 연구를 책임을 맡은 필자가 가장 큰 관심을 가졌던 일이기도 하고, 외부에서 가장 큰 기대를 모으고 있는 과목이 되고 있기도 하다. 그런데 이 과목이 학교 현장에 출현하는 올 3월부터 과연 제대로 자리 잡을 수 있을지에 대해서는 회의적인 시각도 많다. 입시 위주의 학교 풍토나 책을 제대로 읽어내지 못하는 요즘 학생들의 문제들이 그 시각의 근거들이고, 실제로 그렇게 될 가능성 또한 결코 낮지 않다.

그러나 그렇다고 해서 쉽게 포기할 수 있는 일은 아니다. 오히려 학교가 그런 상황이고 학생들이 그렇기 때문에 고전을 읽어낼 수 있는 시간과 공간의 여유와 심연을 포기할 수 없다. 우리가 해야 할 첫 번째 일은 고전읽기를 가능하게 하는 환경을 만들어가는 것이고, 그 출발점은 다시 교사와 학부모 스스로 고전과 가까워지는 일이다. 고전과 가까워지기 위해서는 먼저 고전에 대한 두려움을 극복해야만 하는데, 그 두려움 극복은 내 안에 있는 보편적 지향, 즉 삶의 의미 물음을 꺼내드는 것을 통해 가능할 수 있다.

삶의 의미 물음은 매우 추상적인 것이어서 우리 삶과 무관한 것처럼 보이기도 하지만, 인간으로서의 자신을 정면으로 마주하고자 할 경우에는 반드시 만나야 할 뿐만 아니라 이미 만나고 있기도 한 친근한 것이기도 하다. 고등학교 '고전과 윤리' 과목에서 소개하고 있는 15권의 동서양 고전은 종교와 철학, 윤리의 영역을 중심으로 삶의 의미 물음을 던지고 그 지난하면서도 흥미로운 탐구과정을 통해 일정한 답을 담고 있는 진리의 보고(寶庫)이다. 우리 아이들에게 읽으라고 말하기 전에 자신의 시각으로 한 권만이라도 읽어내고자 하는 시도를 지금 당장 시작해볼 만하다. 앞으로 이 작고 아담한 책을 통해 그 15권의 고전과 만날 수 있는 방법을 함께 모색해 보고자 한다.

이 책에 실린 글의 초고는 인터넷 신문 《불교포커스》에 '법연한담(法淵閑談)'이라는 꼭지로 최근 2년여 동안 연재된 것들이다. 촛불혁명이 진행되는 역사의 격동기를 시민의 한 사람으로 지켜보고 또 참여하면서, 더 넓고 깊은 시야를 확보해야 한다는 실천적 요청에 부응하는 차원에서 동서양 고전의 저자들을 호출해 보고 싶었다. 그 과정에서 함께 했던 모든 분들, 그 중에서도 이 글을 연재하며 맺어진 《불교포커스》의

신희권 대표와 여수령, 김정현 기자, 정성운 전 주간과의 인연을 기리고자 한다. 또 이렇게 아담한 단행본으로 만들어주는 도서출판 인간사랑과의 오랜 인연에도 고마운 마음을 전한다. 마지막으로 한겨울 광화문 한복판에서 촛불을 들고 함께 했던 아내 정례와 두 딸 새롬, 세원이, 사위 김태환, 큰동서 내외분과의 각별한 시간도 오래 기억해두고 싶다.

서론

관계 맺기의 어려움과 우리 시대의 고전

우리 삶에서 관계(關係, relation)는 어떤 위상과 의미를 지닐 수 있을까? 사람들과의 일로 인해 곤욕을 치를 때는 그 관계가 한시라도 빨리 떨쳐버리고 싶은 굴레로 다가온다. 그럴 때는 나 혼자만의 공간으로 도망쳐 모든 관계로부터 자유롭고 싶다는 열망에 휩싸이기도 한다. 반대로 우리는 관계를 통해 가장 깊은 행복감을 느끼기도 한다. 사랑하는 사람과 눈길을 주고받으면서 상대방의 눈망울에 비치는 자신의 모습을 확인하는 '눈부처 행복'이 있고, 놀이터에서 뛰어놀다가 가끔씩 던져오는 아이의 눈길에서 전해오는 진한 행복감도 있다.

우리 주변에 그 관계를 힘들어하는 사람들이 조금씩 늘어가고 있다. 젊은 세대로 갈수록 직접 만나는 일이나 전화를 통한 대화를 어색해하는 비율이 높아지고 있고, 나이 든 사람들은 자신만의 강고한 고집 때문에 만나는 사람들을 힘들게 하는 경우가 많아지고 있다. 그러다보니 애완견과 애정이 듬뿍 담긴 대화를 나누거나 아예 자신의 방으로 숨어드는 사람들 또한 점차 늘어나고 있다.

관계가 과연 무엇일까? 우리 삶에서 이 관계가 차지하는 비중에 더 많이 주목해온 것은 동양 전통이다. 유교는 관계, 그 중에서도 부모와 자식이 맺는 관계를 인간다움의 핵심 요소로 설정해왔고, 불교는 한발 더 나아가 살아있음 자체가 연기적 관계망일 뿐이라는 생각을 해왔다. 물론 서양 전통의 경우에도 관계는 인간다움 또는 인간성의 핵심 요소로 강조되어 왔다. 그리스인들은 벌거벗은 생명으로서의 조에(zoe)가 온전한 인간이 되기 위해서는 폴리스라는 인간 공동체를 전제로 하는 사회적 생명으로서의 비오스(bios)가 되어야만 한다고 생각했고, 유대인들은 유일신과 맺는 관계를 중심으로 인간다움과 초월의 문제를 생각했다. 이 두 사상적 흐름이 헬레니즘과 헤브라이즘이라는 이름으로 서양사상의 기반을 형성해왔음을 고려하면, 동서양의 전통 모두에서 관계는 인간다움을 결정짓는 핵심 요소로 받아들여져 왔다고 말할 수 있을 것이다.

21세기 초반이라는 현재를 기준으로 보면 이러한 동서양의 관계 중심 사고는 상당한 정도로 빛을 잃고 있다. 그 출발점을 이룬 것은 서구 근대사상에서 자리 잡은 개인화이다. 모든 것의 판단 기준을 개인에게 두는 이 개인화는 소크라테스와 덕을 가르칠 수 있는가를 놓고 논쟁을 벌인 소피스트 프로타고라스에게까지 이어질 수 있고, 동양사상사 속에서도 양주(楊朱)의 위아설(爲我說)에서 그 뿌리를 찾아볼 수 있다. 그러나 그들 이후의 사상사에서는 개인주의가 뒤로 밀리고 진리 추구나 바람직한 관계 설정을 중심에 두는 사상들이 지배적인 위치를 차지해오다가, 근대 계몽주의의 출현과 함께 모든 것의 중심은 개인이고 그 개인은 일정한 영역에서 관계 또는 공동체로부터 상대적인 자율성을 누리는 존재로 재설정된다.

개인화와 관계망 훼손

개인화는 관계마저도 삶의 필수요소라기보다 각 개인의 이해관계에 따라 선택할 수 있는 것으로 받아들여지는 경향으로 이어진다. 만약 자신에게 이익이 되지 않는 관계가 있다면 혈연에 근거한 관계조차도 거부할 수 있다는 극단으로 치닫기도 했고, 우리 사회에서도 이미 이런 징후들이 곳곳에서 발견되고 있다. 물론 개인화는 인간의 고유한 권리를 인식하고 지켜가는 과정에서 큰 기여를 해오고 있음을 기억해야 한다. 그 혜택은 모든 사람들에게 돌아갔지만, 그 중에서도 장애인이나 여성 같은 사회적 소수자들이 자신들의 권리를 보장받는데 더 많은 도움을 받을 수 있었음을 상기하면 개인화는 인류 역사의 진보에 상당한 정도로 기여했음을 인정해야 할 것이다.

문제는 이 개인화의 전제가 되는 인간관 자체에서 비롯된다. 개인화의 전제는 각 인간을 이기적인 존재로 볼 뿐만 아니라 고립되고 분리된 존재로 보는 이기성과 고립성이다. 이기성은 특히 애덤 스미스의 시장주의, 즉 각자의 이익을 충족시키기 위한 노동의 결과물이 시장을 통해 자유롭게 거래됨으로써 모든 사람의 생존을 보장하는 핵심 장치가 된다는 생각이 널리 받아들여지면서 자리 잡았다. 그는 이것과 함께 인간에게 내재해있는 공감 능력을 강조했지만, 자본주의가 세계적으로 확산된 현재는 주로 이기심만 주목을 받고 있다.

인간의 고립성에 관한 주목은 이기성과 맥을 함께 하면서도 다른 차원을 지닌다. 이기성은 인간의 고유한 본성에 관한 비교적 객관적인 고찰의 결과라고 볼 수 있는 반면에, 고립성은 각 개인의 권리를 보장하기 위한 일종의 가설적 장치로서의 성격을 지닌다. 즉, 고립성은 인간의 본질에 관한 객관적인 연구의 결과물이라기보다 20세기 윤리학자 존 롤즈(J. Rawls)가 자신의 정의 원칙을 도출하기 위해 설정한 무지의 베일 같은 가설로 받아들여진 경향이 크다는 것이다. 그는 공정한 정의 원칙을 대화와 합의를 통해 이끌어낼 수 있기 위해서는 각자 자신의 상황에 대해 무지의 베일을 쓸 필요가 있다고 말한 것인데, 마치 그것이 인간의 구체적인 상황인 것으로 받아들여지게 된 것이다.

이러한 세계사적 흐름 속에서 우리 사회 또한 급속한 관계망 훼손을 경험하고 있는 중이다. 특히 그 속도를 쉽게 감당할 수 없을 만큼 빠르게 진행되고 있다. 그 이유 중 하나는 주로 유교 전통 속에서 형성된 수직적이고 경직된 관계로 인해 고통받아온 최근의 역사적 경험 때문이다. 가족이라는 이름으로 강요되어온 약자의 희생과 가장의 폭력적 권위 존중 문화, '우리가 남이가'라는 명제로 상징되는 연고주의 기반의 권력 독점과 부패 등이 관계 자체에 대한 거부와 훼손으로 나타나는 경향이 있음을 부정할 수 없다.

가치관계 회복을 위한 우리 시대의 고전들

관계는 기본적으로 가치관계이다. 그 자체로 가치를 지니는 것이기도 하고, 그 관계를 통해서 물질적 가치는 물론 정신적 가치를 주고받는다는 점에서도 그러하다. 우리가 맺고 사는 관계는 자신과의 관계와 타자와의 관계로 나뉘고, 후자는 다시 타인과의 관계와 사회 및 공동체와의 관계, 자연 및 초월과의 관계로 나뉜다. 이러한 관계망의 두 차원은 당연히 서로 긴밀히 연결되어 있고, 특히 자연 및 초월 영역과의 관계는 타자와의 관계이면서 동시에 자신과의 관계이기도 하다.

역사적 검증의 과정을 보편성을 전제로 견뎌내고 살아남은 우리 시대의 고전들은 그리 많지도 적지도 않다. 21세기 초반 한국사회를 기준으로 하면 우리가 읽을 만하고 또 읽어야 한다고 생각할 만한 고전을 꼽는 일이 그리 어려운 과제만은 아니다. 그럼에도 쏟아지는 정보의 홍수 속에서 그 고전을 찾아 읽어내는 일이 점점 더 어려워지고 있다는 현실을 무시할 수 없다. 그 현실 속에서 과연 한 권이라도 제대로 읽어낼 수 있을까 하는 절망감에 휩싸일 때도 있다.

산수유와 매화가 맨 처음 피어나 봄의 시작을 알리다가 개나리와 진달래, 산벚꽃에 조금씩 자리를 내주고 잎사귀와 열

매를 만드는데 몰두하는 처연한 자연의 진리와 이어져 있는 우리 인간의 삶은 그 각각의 매듭과 전이(轉移)의 과정에 멈추어 서서 그 흐름이 자신의 내부로도 이어지고 있음을 성찰하는 물러섬의 지혜를 필요로 한다. 그 멈춤의 순간에 보편적 삶의 지혜를 담고 있는 고전의 저자들과 만나 대화할 수 있다면, 뜻하지 않은 깨달음의 순간을 마주할 수도 있을 것이다.

현재 우리 사회는 불교와 유교라는 전통과 과학기술과 합리성을 기반으로 하는 서구적 사고의 중첩을 기반으로 해서 움직이고 있다. 그 전통은 보편적인 진리의 흐름인 도(道)에 관한 믿음을 중심으로 관계성을 추구하는 지점에 숨은 흔적을 남기고 있고, 서구적 사고는 자유주의와 시장경제라는 사회구조적 차원을 만들어내는데 강한 영향력을 행사하면서 우리 삶을 지배하고 있다. 이 두 차원의 얽힘을 직시하면서 각 개인의 가치지향과 관계 맺기, 사회적 분석 및 미래 모색을 해나가지 않으면 견딜 수 없을 만큼 엄중한 위험과 불안이 지속적으로 쏟아지고 있다.

우리 시대의 고전은 바로 이러한 문제 상황과 마주할 수 있을 때에야 비로소 의미 있게 살아난다. 다시 말해서 사회구조의 맥락을 전제로 펼쳐지는 각자의 삶 속에서 고전의 저자를 불러내지 못한다면, 고전은 계속해서 '읽어야 할 것 같기는 하지만 영영 읽을 것 같지는 않은' 현실 속 금기의 영역에 머물고 말 것이다. 그럼 어떻게 해야 고전을 내 삶 속으로 불러올 수 있을까?

그 방법 중 하나로 자신이 삶 속에서 추구하는 가치를 중심으로 펼쳐지는 가치관계에 주목해볼 필요가 있다. 가치관계는 먼저 자신과의 바람직한 관계를 통해 구현되고 다시 그것은 타자와의 관계 맺기와 중첩되면서 삶의 근원적인 지평을 이룬다. 고전은 바로 이러한 가치관계를 어떻게 인식하고 이끌어갈 수 있을까와 관련된 보편적 지혜를 담고 있는 자료이자 대화자이다. 물론 그 보편성은 현재성을 기준으로 지속적인 검증 과정을 이어가야 할 대상이고, 그런 점에서 고전은 고정된 경전(經典)이 아닌 텍스트(text)일 뿐이다.

나 자신이나 타자와의 관계 맺기가 점차 어려워지는 현실 속에서 우리가 도움을 청할 수 있는 고전의 저자로 누구를 떠올릴 수 있을까? 쏟아지는 자기계발서의 홍수 속에서 길을 잃지 않고 중심을 제대로 잡아가기 위해서는 호두처럼 딱딱한 외피를 갖고 있는 고전을 꼭 만나야만 하지만, 구체적인 선택의 과정에서 누구 또는 무엇을 떠올리는 일이 결코 쉽지 않다. 다행히 우리에게는 전통 또는 교육과정을 통해 꾸준히 제시되어온 고전이 있다.

한국불교 전통 속에는 특히 『금강경』과 「수심결」이 있고, 유교 전통 속에는 『논어』와 『격몽요결』이 있다. 이들은 각각 동아시아와 한국의 전통이 겹치는 지점에서 받아들여진 것이라는 공통점을 갖고 있다. 자유주의와 시장경제를 중심으로 하는 사회와의 관계 맺기에는 정의와 우정을 강조한 『국가』와 『니코마코스 윤리학』, 『정의론』, 『공리주의』 같은 서양 고전의 도움을 받을 수 있다. 또한 테러가 난무하는 현실을 제대로 보기 위해 그리스도교와 이슬람의 경전인 『성경』과 『꾸란』의 도움을 받을 수 있고, 경쟁을 내면화하여 스스로를 지치게 하는 일상을 이어가고 있는 자신에게 『노자』와 『장자』의 저자들을 불러내는 선물을 줄 수도 있다.

우리 시대의 고전은 이처럼 다양한 모습과 쓰임새로 늘 다가올 수 있는 준비를 하고 있다. 무분별하게 쏟아지는 정보와 속도의 위협 속에서 자신을 지켜가며 삶의 의미 물음을 간직하고, 더 나아가 그 삶의 본질을 이루어 행복과 불행의 원천이 되는 관계 맺기라는 실존적 과업을 제대로 감당해 내기 위한 '텍스트로서의 고전 읽기와 주체적 재해석'이 꼭 필요한 때이다. 우리는 그 작업을 세상을 바라보는 각자의 창이 필요함을 강조하면서도 그것의 근원적 한계와 극복과정을 중시하는 『금강경』 읽기로부터 시작해볼 수 있다.

1부 자신과 올바른 관계 맺기

우리는 세상의 흐름을 어떻게 받아들여야 할까?
―지금 여기서 『금강경』 읽기

세상살이가 만만치 않다. 하루하루 끌어나가는 일 자체가 참 힘들다는 느낌을 받을 때도 있고, 그런 대로 괜찮은데도 어느 순간 자신이나 다른 사람들과의 관계 맺기에서 걸려 넘어져 두엄자리 같은 마음으로 잠을 설칠 때도 있다. 나라 안이나 밖의 사정도 나아 보이지 않는다. 청년들의 절망은 말할 것도 없고 어느 세대이고 각자의 몫을 감당하지 못해 허둥대거나 어쩔 줄 몰라 하는 모습을 보여주고 있다. 나라밖에서는 끊이지 않는 테러와 난민, 자연재해 등으로 죽거나 다치는 사람들 숫자가 쉽게 줄어들 기미가 보이지 않는다.

이런 모든 문제들은 얽힌 실타래와 같아 자칫 그 해결 노력이 또 다른 문제를 일으키는 결과를 빚는 경우가 적지 않지만, 그렇다고 해서 손을 놓고 있기에는 문제의 심각성이 허락하지 않는다. 당장 나와 내가 사랑하는 사람들의 생활 자체를 위험에 빠뜨리거나, 직접적인 위해로 다가올 가능성 또한 적지 않기 때문이다. 이른바 '묻지마 범죄'나 여성 혐오 범죄로 인한 최근 우리 사회의 불안이 그런 대표적인 사례들이다.

왜 이렇게 사는 일이 점점 더 어려워지기만 하는 것일까? 국가 전체의 부나 각자가 지니고 있는 재산이 적지 않고, 세계인들의 기대 수명 또한 첨단 의학기술의 도움을 받아 갈수록 늘어나는 등 외적 상황은 나아지고 있는데, 절망이 인류 문화 전반으로 다시 스며드는 이 현상을 어떻게 보고 받아들여야 하는 것일까?

수다원의 경지

한반도 남쪽의 작은 왕국 신라를 통일국가로 이끈 정신적인 중심 역할을 했던 화랑들 중에는 사다함이나 수다원 같은 불교 수행자의 경지를 가리키는 이름을 갖고 있는 사람들이 꽤 많았다. 이런 이름들이 순수 우리말이 아닌데도 낯설지 않은 이유가 어렸을 때부터 옛날이야기를 통해 그런 이름들을 들으며 자라났기 때문일 것이다. 그러다가 어느 날 한국불교를 여러 가지 면에서 대표한다는 '대한불교조계종'의 소의경전(所依經典), 즉 팔만대장경으로 상징되는 방대한 불교경전 중에서 가장 크게 의지하는 경전이라는 『금강경』을 읽다가 만나는 기쁨을 누리곤 한다.

"수보리 장로여! 어떻게 생각하는가? 수다원(須陁洹)이 '나는 수다원의 경지를 이루었다.'는 생각을 할 것인가?"

"아닙니다. 부처님! 수다원은 그런 생각을 하지 않습니다. 수다원이라는 말은 '세상의 흐름을 뛰어넘은 사람'이라는 뜻이지만, '나는 수다원의 경지를 이루었다.'는 생각을 하지 않아야 참된 수다원이라고 할 수 있습니다." **『금강경』「일상무상분(一相無相分)」**

수행을 통해 얻을 수 있는 경지 중에서는 가장 낮은 것으로 설정되어 있는 수다원은 그러나 '세상의 흐름을 뛰어넘는 사람'이라는 무거운 의미를 지니고 있음을 수보리 존자는 이 경전을 통해 우리에게 확인시켜주고 있다. 당연히 부처님께 답하는 형식으로 되어 있지만, 들어야할 사람들은 바로 우리들 자신이다. 과연 우리는 이 수다원의 경지를 삶의 목표로 설정할 수나 있는 것일까?

어느 시대나 그 시대만의 특수한 흐름과 함께 인간세상의 보편적인 흐름을 지닌다. 21세기 초반 한국사회를 중심으로 본다면, 우리 시대의 특수성은 풍요 속 빈곤 심화라는 빈부 격차의 확대와 인터넷 기반 기술의 확산으로 인한 관계망의 양적·질적 전환, 전 지구적인 붕괴 가능성의 위기 등으로 표현될 수 있다. 보편성의 경우는 우리 시대에도 사람들의 욕망은 지속적으로 확대되면서 먹고사는 문제에 대한 집착과 그로 인한 삶의 의미 물음 상실 위기 등으로 요약될 수 있다. 그런 보편적 특징 때문에 석가의 시대와 지눌의 시대에도 말법시대(末法時代), 즉 진리가 사라진 타락한 시대라는 공통된 인식이 통용될 수 있었던 것이다.

우리들에게 문제가 되는 지점은 이 세상의 흐름이 세계화라는 파고를 타고 지구 곳곳을 지배하고 있을 뿐만 아니라, 우리들 내면의 가치관 또한 그 흐름으로부터의 자유를 확보하기가 정말 어려울 만큼 빠른 속도와 강도를 지니고 있다는 것이다. 우리 시대와 사회의 어느 누구도 자신의 이기심에 기반한 경쟁과 그것을 통해 얻는 물질을 통한 쾌락추구라는 삶의 방향과 흐름으로부터 자유롭지 못하다. 그것은 산골 어느 구석에서 살고 있는 사람들이나 세상과는 일정한 담을 쌓고 살아가고 있는 수행공동체의 구성원들에게 까지 일정한 영향력을 발휘할 정도이다.

그런 우리가 세상의 흐름을 뛰어넘는 수다원의 경지를 목표로 삼는 일이 불가능한 것은 아닐 테지만, 과연 삶 속에서 그 목표를 달성하는 일이 가능할까 하는 회의를 느끼는 것은 당연한 일이다. 그런데 이 텍스트 속에서 붓다는 한 발짝 더 나아가 '세상의 흐름을 뛰어넘었다는 생각조차 하지 않는 사람'이라야 비로소 수다원이라고 할 만하다고, 수보리의 입을 빌려 우리들에게 말하고 있는 것이다.

자신의 관점[相]을 세우고 허물기

수다원에서 출발하는 수행과 깨달음의 경지는 다시 사다함(한 번만 더 이 세상으로 돌아오면 성불할 사람), 아나함(다시 이 세상으로 돌아오지 않고 바로 성불할 사람), 아라한(깨달음을 얻어 이 세상에서 참으로 평화롭게 사는 사람) 등의 네 단계로 이루어져 있음을 우리는 이 경전을 통해 알 수 있다. 당연히 궁극적인 목표는 아라한이겠지만, 그 이전 단계의 목표를 달성하는 일이 까마득하게 멀고 어렵다는 생각을 하다보면 결국 포기해야 하는 것인가 하는 절망감에 휩싸이기도 한다.

그러나 우리는 이 네 단계의 수행과정과 이상적인 수행자의 모습을 다르게 읽고 받아들일 수 있다. 그것은 네 단계가 순차적으로 이루어지는 것이라기보다 내 마음 속에서 어느 순간 문득 이루어질 수 있는 단박깨침, 즉 돈오(頓悟)의 가능성을 엿봄으로써 구체화된다. 이 텍스트 속에서 붓다의 가르침은 어떤 목표를 세워 달성하고자 하면서도 그것에 얽매이지는 않는 상(相)의 미학을 강조하는 것으로 모아지고 있다. 보살의 길을 가려면 어떤 수행을 하면서 살고 또 마음을 다스려야 하는지를 묻는 수보리의 간절한 물음에 응답한 과정을 담고 있는 부처의 대화편이 곧 『금강경』인 것이다.

> "모든 소유와 관련된 상(相)은 허망하고, 눈앞에 보이는 모든 상들이 실상은 고정된 것들이 아님을 알 수 있게 된다면, 그것이 바로 여래를 보는 것이다." 「여리견

실분」

우리는 세상을 바라보기 위해 창을 필요로 한다. 그 창이 있어야만 세상을 바라봄과 동시에 자신의 내면을 바라볼 수 있기 때문이다. 이 세상에 태어나 교육을 받으면서 자라나고 살아가는 과정은 그런 점에서 창으로서의 상(相)을 세우고 그 상에 의지하여 하루하루를 살아가는 과정이라고 할 수 있다. 그런 점에서 상을 세우는 일은 살아있음의 징표이지만, 문제는 그 창에 늘 때가 끼고 때로 뒤틀어져서 세상과 자신을 제대로 바라보지 못하게 하는 장애물로 작동하는 경우가 많다는 데서 생긴다.

서양 근대철학자 니체는 사람이 가질 수 있는 이 창 또는 상의 한계를 관점이라는 말로 표현하고자 했다. 그는 우리가 세상이나 자신에 대해 가질 수 있는 지식은 모두 하나의 관점에 불과한 것일 수밖에 없다는 관점주의를 강조했다. 우리가 항상 어떤 한계 속에서 제한된 시각만을 지닐 수 있다는 그의 주장은 원효의 화쟁(和諍), 즉 각자의 주장이 지니는 일리(一理)를 인정하는 쟁(諍)을 통한 화(和)의 논리와도 일맥상통하는 것이다.

자신이 현재 지니고 있는 세상과 자신을 바라보는 창을 제대로 인식하면서 그 장점과 한계를 바로 보고자 하는 노력이 바로 수행의 과정이고, 그 과정을 반복해가면서 우리는 수다원에서 아라한에 이르는 보다 나은 깨달음의 경지를 목표로 삼을 수 있다. 이 과정에서 가장 중요한 것은 이른바 세상의 흐름을 어떻게 인식하고 받아들이느냐이다.

우리는 세상의 흐름과 어떻게 만나야 할까?

우리가 살아가고 있는 21세기 초반 한국사회는 각자의 삶을 소유에 기반을 두고 혼자서 이끌어가야 한다는 명령을 지속적으로 내보내는 민주자본주의사회이다. 그 명령의 힘과 원심력이 매우 강해서 어느 누구도 온전한 자유를 누릴 수 없을 뿐만 아니라, 갈수록 지쳐가면서도 어느 누구도 그 흐름과 맞서고자 하는 용기를 내기 힘든 상황이 지속되고 있다. 이러한 세상의 흐름과 우리는 어떻게 만나야 하는 것일까?

오늘 우리가 함께 접하고 있는 텍스트에서 붓다와 수보리 또한 같은 물음을 놓고 대화하고 있음을 확인하면서 한편으로 반가운 마음이 들기도 하지만, 다른 한편으로는 참 쉽지 않은 질문인가 보구나 하는 느낌을 지울 수 없다. 붓다의 답은 '참된 보살의 삶'으로 모아지고 있다. 참된 보살로 사는 길은 '모든 중생을 고통이 전혀 없는 완전한 기쁨의 세상으로 안내하겠다.'는 서원을 갖고 실천에 옮기며 사는 것이고, 그것은 다시 그렇게 살아가면서도 그렇게 살고 있다는 생각으로부터도 자유로운 삶이기도 하다.

자신과 가까운 사람들을 위해 시간을 내고 돈을 들이는 일에도 인색한 우리들에게는 참으로 어렵고 무거운 주문이다. 무언가를 가지고 있어야만 살 수 있고 또 최소한의 대접이라도 받을 수 있는 시대에 그 소유로부터 자유로워져야 하고 온전히 고통 받는 중생을 위해 살아가면서도 그렇게 살고 있다는 생각조차도 하지 말아야 한다는 말씀은 이 세상의 흐름과 정면으로 맞서면서 살아가야 한다는 뜻이기도 하다. 그것이 과연 가능한 것일까?

> "말법 세상에서도 계를 지키고 복을 짓는 지혜로운 사람들은 이 경을 믿을 것입니다. …… 법에도 걸리지 않고 걸리지 않는다는 생각도 하지 않아야 참된 보살이라고 할 수 있습니다. 그래서 여래는 늘 다음과 같이 말합니다. '여래의 말을 뗏목과 같이 여기십시오. 법에도 걸리지 않아야 하며, 걸리지 않는다는 생각도

하지 않아야 합니다.'" 「일상무상분」

부처와 지눌이 자신의 시대를 말법시대라고 인식할 수밖에 없었던 이유는 바로 그들이 전제로 하고 있는 법 또는 진리의 무거움과 일상의 가벼움 사이의 뛰어넘을 수 없는 간극 때문이었다. 우리 시대는 어쩌면 그 간극이 최대로 벌려져 있는 진정한 말법의 시대인지 모른다. 그럼에도 진리를 포기할 수 없는 이유는 특히 그 세상의 흐름이 전 지구의 생명을 위협하는 위기로 치닫고 있음이 지속적으로 확인되고 있기 때문이다.

자정능력을 상실한 생태위기와 지구를 온전히 날려버릴 수 있는 엄청난 양의 핵무기 같은 외적 위기와 함께 편리함과 빠름에 젖어 약간의 불편함과 느림조차 견디지 못하고 짜증을 내곤 하는 내 안의 깜냥이 바로 우리가 살아가고 있는 세상의 흐름임을 인식한다면, 그 흐름과의 대결은 피할 수 없는 우리들의 운명적 선택일 수밖에 없다. 그리고 불교의 믿음은 다름 아닌 그 선택을 통한 진리 실현의 가능성에 대한 믿음이기도 하다.

이 지점에서 우리는 '세상의 흐름을 뛰어넘은 사람'이라는 수다원의 경지가 얼마나 달성하기 어려운 목표인지를 다시 확인하게 된다. 그러나 수보리에게 보내는 부처의 부드러운 미소와 함께 자신과 자신이 사랑하는 사람들의 삶이 파국으로 치닫는 것을 계속 지켜볼 수만은 없다는 일상의 작은 깨침을 출발점으로 삼아, 세상의 흐름을 정확하게 바라보고자 노력하면서 그 노력을 매일 마주치는 사람들을 향하는 친절한 미소와 실천으로 연결시켜갈 수 있다면, 이미 우리는 수다원에서 아라한에 이르는 수행의 과정에 동참하고 있는 것이 된다. 그 동참 과정은 현재에서 미래, 과거로 이어지는 연기적 실존만이 가능하다는 불교적 시간의 동시성과 계기성을 바탕으로 단박깨침이라는 돈오의 경지로 다가올 수도 있다.

내 마음 속 부처를 어떻게 할 것인가?

–테러 시대에 지눌의 『수심결(修心訣)』 읽기

예상치 않은 폭염이 한반도를 둘러싼 채 쉽게 물러설 기미를 보이지 않고, 사드 배치를 둘러싼 갈등으로 불안과 혼돈의 정도가 점점 더 심화되고 있다. 먼 곳에서는 이상하다는 말로도 표현하기 어려운 사람이 유력한 대통령 후보로 등장하는가 하면, 좌절과 절망감을 내면화한 사람들이 목숨을 담보로 벌이는 테러가 끊이지 않고 있다. 한 달간 프랑스 파리와 독일의 뮌헨, 뉘른베르크, 하이델베르크, 프랑크푸르트 등을 다녀온 여행의 끝자락에서 시차 적응과 함께 마음 한구석을 가득 메운 답답함을 달래고 싶어 지눌 스님의 『수심결』을 펼쳐든다. 『한국불교전서』 4권에서 불과 일곱 쪽밖에 차지하지 않고 있는, 이 작고 아름다운 글을 통해 저자는 제목 그대로 마음을 다스리는 지름길을 알려주고자 애쓰고 있다.

"내가 이미 말한 것인데 왜 알아듣지 못하고 또 같은 질문을 하는 것이냐? 다시 설명해줄 테니 잘 듣고 생각해 보거라."라고 말하는 스승의 마음속 답답함과 간절함이 전해져 먹먹해진다. 내 삶의 수많은 구비 속에서도 그런 스승을 만났고, 때로는 그 분들을 원망하거나 건방진 마음을 내어 평가한 경우도 없지 않았다. 그 업보로 이제는 내가 그런 자리에 원치 않게 가있게 되었는지 모른다. 누군가의 진정한 스승이 되는 일은 감히 쉽게 넘볼 수 없는 경지라는 생각이 갈수록 깊어져 얼마 전부터는 가능하면 대학원 지도 제자를 받지 않으려고 애쓰고 있는데, 그마저 이런저런 이유로 여의치 않아 불편해질 때가 많다.

이런 불편함이 자신도 모르는 사이에 스밀 때, 복사를 해서 늘 가지고 다니는 두 개의 작은 경전 중 하나를 꺼내들곤 한다. 하나는 가산 지관이라는, 이 시대를 온몸으로 살아내고자 해서 생채기를 남기기도 하신 스승과 함께 공부한 원효의 『보살계본지범요기(菩薩戒本持犯要記)』이고, 다른 하나는 지눌의 이 『수심결(修心訣)』이다. 이 둘을 관통하는 핵심 개념은 마음〔心〕이다. 전자는 보살의 마음이고, 후자는 내 마음이다. 내가 곧 부처이자 보살이라는 지눌의 명제에 따른다면, 이 둘은 '보살이자 부처인 나의 마음을 어떻게 할 것인가'라는 문장으로 요약된다.

마음 속 소를 키우는 사람

어릴 적 소를 키워본 경험이 있는 나는 순박한 눈망울로 풀을 뜯다가도 어느 정도 배가 채워지면 되새김질을 하며 부리는 그들의 여유로운 눈빛을 잊지 못한다. 힘으로 따지면 어린 아이 정도야 손쉽게 뿌리칠 수 있을 테지만, 내가 끄는 대로 따라오면서 가끔 좋은 풀을 발견하고는 작은 저항을 하던 그들의 순종 속에 담긴 무심한 듯 슬픈 표정 또한 아리게 떠오를 때가 있다. 소를 키우는 일이 물론 늘 좋았던 것은 아니다. 내게 맡겨진 집안일이라서 하는 수없이 학교를 다녀오면 소를 몰고 들로 나가야 했던 어떤 날은 괜히 심통이 나서 툴툴거리기도 했고, 어떤 날은 들고 간 책을 얼굴 위에 덮고 잠들어버려 그곳 풀을 다 뜯은 소가 가만히 다가와 얼굴을 건

드리기도 했다. 다른 곳으로 옮겨달라는 몸짓임을 잘 알면서도 귀찮다는 이유로 그냥 다시 낮잠에 빠져들 때가 더 많았다.

지눌은 자신의 이름 앞에 소를 키우는 사람〔牧牛子〕이라는 칭호를 덧붙였다. 소를 키운다는 비유가 불교사 전반을 통해 등장하지만, 지눌만큼 이 말에 집중한 예는 많지 않다. 불교의 시대로 불리는 고려 때 출셋길이 보장되는 수도승〔首都僧〕, 즉 수도인 개경 주변에 머물면서 권세를 누릴 수 있는 자리를 헌신짝처럼 버리고, 당시에는 멀고먼 길이었을 지리산까지 내려가 새로운 마음을 내어 수도승(修道僧)이 된 그는 왜 자신을 하필이면 소를 키우는 사람이라고 규정짓고 싶어 했을까?

지눌의 시대나 지금이나 출가자는 수행(修行)으로 살아가는 존재자들이다. 그 수행은 다시 몸과 마음의 수행으로 나뉘어 전개될 수 있지만, 몸과 마음 사이의 불이적(不二的) 관계성에 주목하는 불교철학에서 둘은 깊은 연관성을 지니면서 일상 속으로 들어온다. 새벽에 일어나 예불을 드리고 절집 마당을 쓰는 일로 시작되는 출가수행자의 하루는 그때나 지금이나 몸과 마음 모두를 아우르는 청정한 일상으로 자리매김된다. 그런데 그런 청정함은 경전공부와 참선수행, 계율준수라는 삼학(三學)의 통로를 통해 유지되면서 심화할 수 있는 가능성을 높일 수 있다. 고려 중기의 지눌이나 우리 시대 외국인 출신 선승 현각이 직면한 현실은 불행히도 그런 지향을 잃어가는 말법(末法)의 징후였다. 돈과 권력을 밝히고 일상의 쾌락을 추구하는 승려들이 수행자로서의 본분을 잃고 타락해가는 모습이었고, 그 모습은 곧 불교 자체의 퇴행이자 시대정신의 몰락이기도 하다.

이런 상황을 지눌은 몸 자체를 지리산의 퇴락한 절로 옮겨감과 동시에 마음속에 소를 키우는 방식의 수행으로 맞서고자 한다. 소를 키우는 일은 잃어버린 소를 찾는 데서 시작해서 그 소를 풀 좋은 곳으로 안내하고 마음껏 풀을 뜯을 수 있는 분위기를 만드는 과정으로 이어진다. 가장 중요한 것은 어쩌면 그 소가 내 마음 속에 자리를 잡게 하는 것인지도 모른다. 아니 이미 내 마음속에 살고 있는 소를 찾아내는 일이 핵심이다. 이미 살고 있는데도 우리는 그 소를 다른 곳에서 찾고자 헤매면서 많은 시간과 에너지를 낭비하고 있는 경우가 많기 때문이다.

> "어떤 방편을 써야만 스스로의 마음을 돌려 자신의 본성을 깨칠 수 있겠습니까?"

"그대 자신의 마음을 깨치는 일인데 무슨 방편이 따로 필요하겠는가. 만약 다른 방편을 써야만 자신의 마음을 볼 수 있다는 생각을 내고 있다면, 그것은 자신의 눈을 보지 못한다고 해서 내 눈이 없다고 생각하며 다시 보려는 것과 다르지 않다." 『수심결』[2]

자신의 눈이 보이지 않는다고 눈이 없는 것도 아니고 볼 수 없는 것도 아닌 것처럼, 우리는 마음속에 이미 살고 있는 소를 찾는 깨침의 과정을 거쳐 그 소를 잘 길러내는 수행을 지속해감으로써 온전한 행복과 평안에 도달할 수 있다는 것이 지눌의 핵심 가르침임을 확인할 수 있는 구절이다.

모든 것이 내 마음에 달려 있는 것일까?

방편에 의지하지 않고 자신의 마음을 찾는 일은 어떻게 가

2 지눌, 해주 역주(2009), 「목우자수심결」, 『지눌』, 한국전통사상서간행위원회, 191쪽.

능할까? 지눌은 그 방법을 요약하면 문득 깨침〔頓悟〕과 지속적인 닦음〔漸修〕의 둘로 나뉠 수 있다고 말한다. 문득 깨침은 마음 밖에서 부처를 찾아 물결치듯 흘러 다니다가 선지식(善知識)이 가리키는 길에 접어들면서 불현듯 눈을 자신의 마음으로 돌려 자신의 본성을 볼 수 있게 되는 과정이다. 지속적인 닦음은 자신의 마음이 부처와 다르지 않음을 알아차렸어도 쉽게 바뀌지 않는 몸에 배인 오랜 습관을 하나씩 바꿔나가는 과정이다. 이것은 마치 어린 아이가 태어날 때 모든 신체기관이 갖춰져 있지만 그 몸이 온전히 제 역할을 하는 데는 주변의 많은 도움과 노력의 시간이 필요한 것과 같은 이치임을 친절한 비유를 통해 설명하고 있다. 바람은 그쳤지만 그 바람이 일으킨 물결은 아직 출렁이고 있다는 비유도 제시하면서, 왜 깨친 후에도 닦음이 필요한지를 반복해서 강조하는 지눌스님의 간절함이 느껴지는 지점이다.

> "그러므로 문득 깨침과 지속적인 닦음은 마치 수레의 두 바퀴와도 같아서 하나라도 없으면 안 된다. …… '생각이 일어나는 것을 두려워하지 말고 다만 깨침이 늦게 오는 것을 걱정하며, 혹 생각이 일어나거든 그 생각을 알아차리면 곧 사라진다.'고 하였다." **『수심결』**[3]

그런데 우리는 이 지점에서 여전히 미심쩍은 느낌을 떨칠 수 없는 한 가지 문제와 마주치게 된다. 그것은 바로 이 모든 문제들이 정말로 내 마음을 바로 볼 수 있는 깨침과 닦음으로 해결될 수 있을까 하는 의문이다. 윤리학에서 이미 사회윤리라는 개념으로 정착한 이 물음은 사회구조와 문화가 지니는 도덕적 문제가 그 사회구성원 개개인의 도덕성만으로 해결되지 않는다는 사실과 마주하면서 제기되었다. 모든 것을 개인의 도덕성 문제로만 돌릴 경우에 자칫 사회구조적 악을 은폐하면서 약자들의 희생과 억울한 처지를 정당화할 가능성이 있다는 것이다. 맞는 말이다. 축구 경기를 시작하기 전에 먼저 운동장 구조가 어떤 팀에게 일방적으로 유리하도록 되어 있지 않은지를 점검해야 하고, 그것을 '기울어진 운동장론'이라고 표현한다.

지눌은 이러한 문제를 충분히 인식하고 있었던 것으로 보인다. 그의 다른 글인 「권수정혜결사문」에서 자신과 뜻을 함께 하는 도반들과 수행결사라는 함께함의 시공간을 확보하면서 때에 맞춰 실천에 옮기고자 노력했다는 사실을 통해 충

3 지눌, 앞의 책, 204쪽.

분히 확인할 수 있다. 깨침을 얻는 과정에서는 스승〔善知識〕과의 관계 맺기가 중요하고, 닦음의 과정에서는 함께할 수 있는 도반(道伴)과의 관계 맺기가 꼭 필요함을 스스로의 실천을 통해 보여주고 있다. 사회는 개개인들의 총합을 넘어서는 공간이지만, 그렇다고 해서 그 개인들 사이의 관계맺음을 넘어서는 것은 아니다. 그 관계 맺기의 방식을 결정하는 문화와 구조의 특성을 시대의 흐름이라는 관점에서 제대로 바라볼 수 있으면 함께하는 실천도 가능하고, 그 실천이 모아지면 문화의 흐름과 구조 자체를 바꾸는 일도 가능해진다. 그렇게 보면 모든 일이 마음먹기에만 달린 것은 아니지만, 마음먹기가 그 모든 일들을 가능하게 하는 출발점일 뿐만 아니라 귀결점이기도 하다고 말할 수 있을 것이다. 자신의 일상으로부터 잠시 거리를 유지하면서 내게 깨침을 가져다줄 수 있는 스승을 찾아 책방 나들이를 하거나, 가르침을 얻을 수 있는 곳을 기꺼이 찾아가는 작은 실천이 삶의 방향을 바꾸는 기폭제가 되어줄 수 있다는 깨침이 스미는 오전의 적막한 시·공간이다.

우리 시대에 공부란 무엇일까?
–공부가 고통인 시절에 율곡의 『격몽요결』 읽기

우리 시대는 교육이라는 말이 차고 넘치는 시대이자, 공부에 대한 혐오감이 학생들의 마음속에 가득 찬 시대이다. 우리 아이들이 가장 듣기 싫어하는 말이 엄마나 교사 입에서 나오는 공부라는 말이라는 보도가 있을 정도다. 유치원에 들어가기 전부터 시작된다는 그 많은 공부가 초등학교에 갈 시기만 되어도 이미 아이들에게 진절머리를 치게 하는 부담과 혐오의 대상이 되고 있다. 세계 최고 수준의 교육열과 상급학교 진학률을 자랑한다는 우리나라가 어쩌다 이렇게 되어버린 것일까?

공부란 무엇일까?

공부(工夫)란 무엇이고 우리는 왜 공부하는 것일까? 이 새삼스런 물음은 사실 우리 역사 속에서 지속적으로 던져진 것이다. 조선 시대에도 서당의 학동들에게 공부는 즐거움의 대상이기 보다는 지루함과 회피의 대상이었고, 과거공부에 평생 매달려야 했던 선비들에게도 공부는 곧 시험공부와 동일시되면서 어쩔 수 없이 해야만 하는 고통스런 과정이었다.

> 사람들은 과거공부(科擧工夫)에 얽매여서 학문을 할 수 없다고 말한다. 그러나 이 말은 핑계를 대는 말에 불과하다. 과거공부가 비록 성리학을 제대로 공부하는 것과는 다르기는 하지만 역시 책을 읽고 글을 쓰는 것이어서 과거에 급제하느냐 에만 지나치게 집착하지 않으면, 과거공부와 학문은 서로 병행할 수 있는 것이다. 『격몽요결』「처세(處世)」

조선 시대는 시민사회인 우리들의 시대와는 달리 공부할 수 있는 사람들이 정해져 있었다. 주로 양반만이, 그것도 경제적 여유가 있는 양반의 자식들에게만 공부할 수 있는 기회가 주어졌는데 그 공부라는 것도 주로 과거공부에 집중되어 있었음을 확인하게 되는 구절이다. 어떻게 해서든지 과거에 급제해야만 자신의 출세는 물론 가문(家門)의 영광까지 거머쥘 수 있었기 때문에 평생을 과거공부로서의 학문에 매달려야 했던 것이다. 그러다보니 진짜 학문을 할 수 있는 시간적 여유가 없다고 말하는 사람들이 적지 않았던 모양이다.

율곡은 당시 사람들이 공부를 책을 읽고 자신의 마음을 가다듬고 생각을 발전시켜서 글로 쓰는 일로 받아들이고 있음을 환기시키면서, 참된 공부는 그것이 우리 일상생활 속에서 실천해가는 일과 연결되어야 함을 강조하고 있다. 특히 그중에서도 책을 읽고 생각하는 과정과 함께 일상 속에서 자신의 마음을 가다듬는 일을 중심에 두고 있는데, 그 이유는 우리 인간들에게 주어져 있는 선함의 단서를 잘 키워내야만 온전한 인간이 될 수 있다고 생각했기 때문이다. 그 공부가 곧 학문이지 다른 것이 아님을 다음과 같이 강조하고 있다.

사람이 태어나서 학문을 하지 않으면 온전한 사람이

> 될 수 없다. 그런데 그 학문이란 것이 특별한 것이 아니다. 일상생활 속에서 행동할 때 바람직한 도리를 생각하면서 꾸준히 실천에 옮기는 것이 학문인데, 요즘 사람들은 그것을 모르고 학문을 너무 어려운 것으로 생각하거나 내 삶과는 관계없는 것이라는 잘못된 생각을 하면서 멀리하고 있다.「서문」

일반인들이 학문과 공부를 분리시키면서, 특히 학문은 자신과는 관계없는 것이거나 우리 삶과 거리가 먼 것이라고 생각하는 것은 조선시대나 21세기 초반 한국사회나 큰 차이가 없는 것 같다. 물론 오늘날 학문은 전문화되고 각 분야별로 깊이 들어가는 분과화(分科化)가 심각한 정도로 진행되어 있어, 일반 시민들이 접근하기 어려운 정도를 넘어서 학자들조차 다른 분야의 학문세계에 접근하는데 어려움을 겪기도 한다. 그렇지만 너무 깊이 들어가다 보니 왜 그 학문을 해야 하고 또 필요한지 같은 핵심 질문은 뒷전으로 밀리게 되었고, 21세기 초반에는 모든 학문들 사이의 통섭이 필요하다는 요청과 마주하고 있다.

최근의 학문 추세인 통섭(統攝)에 대한 요구는 단순히 여러 학문들을 모으는 차원이 아니라, 인간과 사회, 자연으로 이어지는 우리 삶의 본질을 들여다보는 지혜로서의 학문의 역할에 대한 요청이자 학문과 공부의 필요성에 대한 새삼스런 관심의 결과이기도 하다. 결국 학문과 공부는 우리 인간을 위해 필요한 것일 뿐이고, 우리가 제대로 살아가는데 요청되는 지혜의 보고 역할을 해주어야 하는 것이다.

이 어지러운 시절에 공부는 무엇이어야 할까?

국내적으로나 세계적으로 정신을 차리기 힘들 정도로 어지러운 일들이 계속해서 생겨나고 있다. 미국이나 유럽 등 이른바 선진국이라는 나라에서 인종차별을 노골적으로 드러내는 사람들이 권력을 잡거나 정당을 만들어 자신들의 힘을 과시하고 있는가 하면, 숨을 쉴 수 없게 하는 미세먼지나 땅 위의 모든 생명들을 순식간에 휩쓸고 지나가 버리는 원자핵발전소 폭발 사고 위험이 우리 주변에 널려 있다. 지진으로부터 안전한 땅이라는 잘못된 믿음을 가지고 있었던 한반도에도 사실은 계속해서 지진이 일어나고 있음이 밝혀지면서 그 공포가 바로 우리 턱밑까지 다가와 있지만, 겉으로는 별다른 표정 변화 없이 살아가고 있는 우리 모습이 문득 낯설어질 때가 있다.

그런 가운데 국내적으로는 1987년 6월 이후 30년 만에 전 국민의 대다수가 대통령 하야를 외치며 광장으로 모여드는 역사적인 시민항쟁을 경험했다. 우리가 위임한 권력을 사유화하여 민주주의를 정면으로 훼손한 대통령을 향하는 준엄한 명령은 2016년 11월을 또 다른 역사적인 시간으로 만들어 주었지만, 어쩌다 나라가 이 지경까지 몰리게 되었을까 하는 한탄을 멈추기는 어렵다.

이 물음에 대한 답을 찾아가는 과정은 직면한 현상의 복잡성과 복합성에 걸맞는 것이어야 한다. 그렇지 않고 어떤 특정 사람만을 몰아내는 것으로 그치는 경우 문제의 본질은 놓치게 되어 이 어지러움을 지속적으로 경험해야 하는 고통이 반복될 가능성이 높다. 시민이 위임한 권력을 마음대로 휘두른 것은 일차적으로 박근혜로 상징되는 대표자들의 잘못이지만, 그런 대표자를 뽑아 놓고 방치한 우리 시민들 자신의 문제이기도 하다. 또한 우리가 자식을 낳아 기르면서 오로지 권력자만을 바라보며 자신의 이익을 챙기고 자리를 높이는 데만 관심을 갖게 하는, 그런 부모는 아니었는지를 반성해 보아야만 한다. 좋은 대학을 나오고 사법시험에 통과하거나, 박사학위를 받고 교수가 된 후 권력자 주변에 모여든 사람들이 보여주고 있는 추악한 도덕 불감증은 바로 우리 자신이 만들어낸 것일 수 있기 때문이다.

우리나라는 거의 모든 시민이 고등학교 이상의 학력을 갖고 있는 고학력 사회일 뿐만 아니라, 엄청난 양의 공부와 노동 시간을 자랑하는 나라이기도 하다. 공부 시간이 많은 것이야 문제될 수 없겠지만, 문제는 그 공부가 과연 무엇인가 하는 물음에서 생겨난다. 시험공부를 중심에 두는 공부는 자연스럽게 일상 속 실천과는 거리를 두게 되는 정도를 넘어서서, 시험 점수를 얻는데 도움이 된다면 자기 방을 정리하는 일 같은 일상의 실천까지 면제받을 수 있는 데까지 어긋나기도 한다. 그렇게 자라난 아이들의 눈에 보이는 것이 그 시험 점수를 대체한 높은 자리이거나 돈일 수밖에 없다는 사실은 자연스런 귀결이다. 우리는 그렇게 '성공한' 사람들의 맨얼굴을 충분히 지켜볼 수 있었다.

이런 어려움을 극복하는 첫걸음은 우리 사회에 진정한 공부가 자리할 수 있게 하고, 우리들 스스로의 일상 속에서도 그런 공부를 실천해가는 일이다. 비록 그 성과가 더딜 수 있지만, 한편으로 급한 불을 꺼가면서 다른 한편으로는 길게 내다보며 근본적인 해소책을 찾아가야만 우리의 미래가 보장될 수 있다.

자신의 사적인 욕심을 이기는 공부는 일상생활에서 가장 긴요한 것이다. 여기서 사적인 욕심이란 내 마음이 좋아하는 것이 사람의 도리에 맞지 않는 것을 가리킨다. 내 마음을 항상 성찰하면서 이익만 밝히고 있지는 않은지, 벼슬이 높아지는 것만 바라고 있지는 않은지, 편안함만을 추구하여 정작 중요한 것은 놓치고 있지 않은지를 생각해야 한다. 그런 과정에서 이치에 맞지 않는 것이 발견되면 즉시 그 싹과 줄기는 물론 뿌리까지 온전히 없애야만 한다.

말을 많이 하면서 생각은 제대로 하지 않는 것이 마음에 가장 해로운 일이다. 꼭 해야 하는 말만 하고, 할 때는 최대한 간명하게 하려고 노력하다보면 자연스럽게 진리〔道〕와 가까워진다.

항상 한 가지 의롭지 않은 일을 하거나 죄 없는 사람 하나를 죽여서 천하를 얻는다고 해도 절대 그렇게 하지 않겠다는 마음을 가슴 속에 두어야만 한다. 「지신(持身)」

유교윤리에서 자신의 몸을 잘 보존하는 일은 곧 마음을 잘 보존하는 일이기도 했다. 우리에게 비교적 널리 알려진 유교의 수신(修身)은 수심(修心)이기도 한 것이다. 율곡은 그 몸을 보존하는 일이 일상 속에서 꼭 필요한 말만 간명하게 하고, 자신의 마음과 행동을 늘 성찰함으로써만 가능하다고 강조하고 있다. 자신에게 이익이 되는지만 생각하거나 지위가 높아지는 것만 생각하는 사람은 소인(小人)일 뿐이다.

물론 우리 시대의 시민은 기본적으로 자신의 이익을 챙겨서 스스로 생존 문제를 해결해야 하는 사람들이라는 점에서 율곡이 말하는 이익에 대한 경계를 삶 속에서 그대로 실천할 수 없을 뿐만 아니라, 때로는 그럴 필요가 없을 수도 있다. 그러나 시민은 이익 못지않게 자신이 속한 사회의 구성원으로서 책임감을 갖고 깊이 생각하는 숙의(熟議)와 참여의 자세를 갖추어야만 한다. 그렇지 않을 경우 우리가 지금 만나고 있는 이 참담함, 즉 주인을 개나 돼지에 비유하는 권력층의 맨얼굴과 만나야 하는 상황이 반복될 수밖에 없다.

이러한 시민의 일상에 성찰과 실천은 단지 국가적인 수준에서만 요구되는 것은 아니다. 우리 불교계의 경우도 어줍지 않은 선민의식(選民意識)으로 무장한 일부 승려들이 저지르는 후안무치한 행위들로 충분할 만큼의 참담함을 겪고 있는 중이다. 대승불교는 사부대중공동체를 기반으로 해야만 성립될 수 있고, 그런 점에서 재가자들은 출가자들의 부속물일 수 없다. 오히려 출가보살과 함께 이 공동체를 이끌어가는 재가보살로서의 위상과 역할이 충분히 보장될 수 있어야만 출가자들의 청정성에 기반한 깨달음도 제대로 확보될 수 있다. 불교계가 직면하고 있는 현실의 질곡(桎梏)을 넘어서는 첫걸음은 재가자의 보살의식 회복이고, 그것이 구현되기 위해서는 먼저 소통과정의 공정성과 개방성이 확보되어야만 한다. 그런 점에서 이른바 해종언론(害宗言論)이라는, 듣도 보도 못한 신조어까지 만들어가면서 1년 넘게 진행되고 있는 조계종단의 언론탄압은 시대착오를 넘어서서 우리의 건강한 시민사회까지 위협하는 만행임에 틀림없다.

> 만약 경서와 논서를 잃어버리더라도
> 계율을 망가뜨리지 않으면
> 승단은 언제나 지속됩니다.
>
> **전재성 역주, 『마하막가』 1장 후렴시**

이 어지러운 시대에 우리는 다시 일상의 윤리를 떠올리게 된다. 바쁜 일상으로부터 한 발 물러서서 자신의 마음을 성찰하고, 혹시 이익이나 자리만을 위해서 맹목적으로 달려가고 있지는 않은지를 되돌아보는 일이 그 윤리의 시작이다. 시민사회에는 시민윤리가, 불교공동체에는 계율이 다시 제자리를 지킬 수 있게 하는 것만이 우리가 맞고 있는 참담함을 넘어설 수 있는 길임을, 다정하면서도 준엄한 율곡의 목소리를 통해 확인하는 이 순간이 곧 희망이고 미래이다.

우리는 어떤 삶을 살아야 할까?
—행복과 의미 상실 시대에 『논어』 읽기

'어떻게 살 것인가'라는 물음은 시대와 장소를 불문하고 늘 던져질 수 있고 또 던져지는 물음이다. 누구나 자신의 시대 상황 속에서 스스로의 삶을 살아갈 수밖에 없는 한계를 지닌 우리 인간들은 바쁜 일상을 뚫고 문득 스며드는 이 물음으로부터 누구도 자유로울 수 없다는, 또 다른 의미의 한계 또는 초월의 가능성을 지니고 있다.

이 물음은 '이렇게 살아도 괜찮을까'라는 질문으로 구체화되기도 한다. 겉으로는 풍족하고 남부러울 것 없는 사람들도 피해갈 수 없는 질문이다. 고대 인도의 북부 지방에 위치한 작은 왕국의 왕자였던 고타마 싯다르타 또한 이 질문을 피해갈 수 없었고, 결국 그 모든 기득권을 내려놓고 출가를 감행함으로써 불교라는 새로운 가르침이 인류 역사에 더해지게 된다. 삶은 고통이고, 그 고통을 회피하지 말고 정면으로 마주함으로써 해소할 수 있다는 그 가르침은 21세기를 살아가고 있는 우리들에게도 여전한 설득력과 감동으로 다가오곤 한다.

이런 근원적인 물음과 마주쳤을 때 우리가 취할 수 있는 태도는 대체로 세 가지 정도이다. 회피와 무시, 정면 대결 등에 그 셋일 텐데, 많은 경우 우리는 회피와 무시의 태도를 택한다. 그러면서 당장 눈앞에 다가온 문제들에 몰두하는 일상으로 채우다가 삶의 마지막 순간에 이르러서야 더 이상 피할 수 없음을 깨닫고 후회하거나, 이렇게 죽을 수는 없다는 몸부림으로 마무리한다. 삶의 어느 지점에서는 꼭 정면대결이 필요한 물음인 것이다. 몸이 어른이 되어가는 사춘기 때 이런 침잠의 시간을 가질 수 있다면 참 좋겠지만, 우리 교육 상황 속에서는 쉽지 않은 일이고 중년을 넘어서는 갱년기쯤에라도 그런 시간을 가질 수 있다면 다행일 것이다.

일상 속 철학함의 가능성

'이렇게 살아도 괜찮은 것일까' 라는 물음이 문득 스며드는 순간 피하지 않고 정면으로 받아들이는 자세를 취할 때, 우리는 철학함의 과정 속으로 들어서게 된다. 철학함은 동서양의 철학사에 축적된 철학적 지식과는 무관하게 시작될 수 있다. 인간이 자신의 동물적 한계에 머무르지 않고 삶의 의미 물음을 던지기 시작하는 순간 부터 철학함이 등장하기 때문이다. 그렇게 보면 철학함은 누구나 할 수 있는 것일 뿐만 아니라. 인간이라면 반드시 할 수밖에 없는 필연적 과업이 되는 셈이다.

일상 속에서 철학함의 계기가 주어지는 것은 대체로 인간관계에서 어려움을 경험하게 되거나 하고 있는 일이 생각대로 풀리지 않을 때이다. 물론 그런 특별한 계기 없이도 풍요로운 일상의 어디쯤에서 마주하게 될 수도 있지만, 앞의 두 경우는 생각하지 않으면 고통 자체가 건잡을 수 없이 커지는 상황이 전개될 가능성이 높다는 점에서 차별화된다. 세상 일이 자신의 마음대로 되지 않아 어떻게 해야 하나 고민할 때, 우리는 혹시 계획 자체가 잘못된 것은 아닌지, 아니면 상황이 변하고 있는데 자신은 변하지 않고 있기 때문은 아닌지 성찰해볼 수 있다. 인간관계의 경우도 마찬가지다.

이런 일상 속 철학함의 과정은 기본적으로 각 개인이 스스로 하는 것이지만, 주변의 도움을 받는 일이 가능하고 필요하기도 하다. 그 주변에는 친구나 스승 등이 포함되지만, 더 나아가 같은 상황에 대해 깊은 고민을 해서 각자의 답을 제시해 놓은 철학자들도 포함된다. 그 중에서도 올바름과 좋은 삶에 대해 고민한 윤리학자들에게서 큰 도움을 받을 수 있다. 이 지점에서 도움을 청할 수 있는 윤리학자로 떠올릴 수 있는 사람이 누구일까?

서구문명의 주도권이 여전히 행사되고 있는 우리 사회에서 윤리학자로 떠올릴 수 있는 사람은 주로 아리스토텔레스나 임마누엘 칸트, 피터 싱어 같은 서양윤리학자들이다. 그들 모두 뛰어난 윤리학자들이고. 특히 합리성을 중심으로 어떻게 살 것인가에 관한 답을 구하고자 했다는 점에서 많은 도움을 받을 수 있는 사람들임에 틀림없다. 그런데 우리의 도덕 판단과 감정 속에는 유교와 불교로 대표되는 전통이 포함되어 있는 데서 문제가 생길 수 있다. 우리는 개인의 합리성 못지않게 관계성을 중시해왔고, 지금도 여전히 관계 중심적인 판단과 행동을 하는 경향이 강하다.

> “사람의 허물은 저마다 그가 속한 무리를 따르게 된다. 허물을 관찰해보면 그가 얼마나 인(仁)한지를 알 수 있다.” **『논어』「팔일 편」**

우리는 지금도 누군가를 만나면 어떤 사람인지를 알기 위해 그가 어떤 관계를 맺고 있는지를 알고 싶어 한다. 부모와 형제자매, 나이, 결혼 여부 등을 알고 싶어 하고, 나이를 직접 물어보기 어려우면 대학의 학번이나 띠를 묻기도 한다. 그런 모든 것들이 그를 개별적인 인간으로 보기 보다는 관계 속에서 살아가고 있는 인간으로 바라보는 전통의 영향이라고 볼 수 있다. 동양의 윤리학 전통에서 맨 먼저 등장하는 공자의 말 속에서도 그런 특징을 확인할 수 있다. '사람의 허물은 저마다 그가 속한 무리를 따르게 된다.'는 말을 우리는 스스로 맺는 관계 속에서 자신도 모르는 사이에 잘못을 범할 수 있다는 의미로 해석해볼 수 있고, 거꾸로 그의 선함〔仁〕 또한 관계에서 비롯된 것일 수 있다는 의미로 해석할 수도 있다.

그렇게 보면 자신의 삶이 관계 속에서 전개되는 것은 당연한 일이고, 그 관계 속에는 좋음과 나쁨이 모두 포함될 수밖에 없음을 받아들이는 일이 관계로 인한 문제를 해결해가는 출발점이 될 수 있다고 말할 수 있다. 혹시 자신이 그 관계를 소홀히 했거나 목적을 위해서만 이용한 것은 아닌지와 같은 반성이 모든 문제를 해결해가는 기반이 될 수 있다는 의미다. 공자는 인간관계의 기본 원칙을 자신의 내면속에 있는 선함, 즉 인(仁)의 자세를 다른 사람에게 확장해가는 것으로 제안한다. 그것이 바로 서(恕)이고, 이 서는 마음의 중심을 잡는 충(忠)과 긴밀하게 연결되어 있다.

> "자공이 묻기를 '평생 동안 행할 수 있는 한 마디 말이 있습니까?'라고 하자, 공자는 '그것은 서(恕)일 뿐이다. 자기가 하기 싫은 일을 남에게 하게 해서는 안 된다.'고 말씀하셨다." 「위령공」

공자의 제자인 자공이 스승에게 평생 동안 마음에 새겨 행동으로 옮기고자 노력해야 하는 한 마디가 무엇이냐고 묻자, 바로 그것은 서(恕)이고 서란 다름 아닌 자기가 하고 싶지 않은 일을 남에게 하게 해서는 안 되는 것이라고 단순하면서도 명쾌하게 답변하고 있다. 이러한 공자의 답변은 현재 우리 시민사회에서도 그대로 통용될 수 있는 최소도덕이다. 다른 사람과의 관계를 어떻게 이끌어가는 것이 좋을까를 생각할 때에 최소한으로 지켜야 하는 원칙이 바로 이 윤리인 것이다. 그것을 출발점으로 삼아 자신이 상대방에게 바라는 것이 있으면 먼저 그렇게 해주어야 한다는 적극적인 원칙으로 확장할 수 있다.

관계의 윤리, 독존(獨存)과의 조화

우리가 현재 살아가고 있는 사회는 개인이 주체인 시민사회이다. 이 사회 속에서 관계 또한 기본적으로는 개인이 필요해서 맺는 것만이 정당화될 수 있다. 물론 가족 같은 최소한의 관계는 선택의 여지가 없는 것이지만, 그것마저도 점차 개인이 선택할 수 있는 영역으로 되어가는 현상과 마주하고 있다. 자신의 삶에 도움이 되지 않으면 가족관계 조차 서슴없이 끊어버리는 사람들이 늘고 있는 것이다.

이 지점에서 우리는 어떻게 살 것인가라는 화두 속에서 개인의 고유성과 존엄성이 그 자체로 존중받아야 되는 것임을 확인할 필요가 있다. 우리는 부모와의 관계 속에서 이 세상에 태어나지만, 죽음의 순간은 홀로 마주해야 하는 운명을 타고 났기 때문에 자신의 삶을 주체적으로 이끌어가고자 하는 의

지와 역량은 필수적이다. 특히 자본주의 사회는 각 개인의 생존을 각자의 몫으로 설정하고 있어 그 개인이 더 부각될 수밖에 없고, 우리 사회에서도 이미 혼밥이나 혼술 같은 개념들이 상징하는 것과 같은 개인화가 급속도로 진행되고 있다.

개인화가 피할 수 없는 추세이고, 우리는 때로 관계에 얽히기보다 혼자 여행하고 자신만의 집을 구해 사는 것에서 더 큰 행복을 느끼기도 한다는 사실을 애써 부정할 필요는 없다. 우리 삶의 영역에는 분명히 혼자만의 공간, 즉 독존(獨存)이 포함되어야 하고, 그 독존의 시간과 공간 속에서 삶의 의미 물음 같은 화두와 정면으로 마주할 수 있는 철학함의 기회도 가질 수 있다. 그러나 이 사실과 함께 분명히 해야 하는 것이 하나 더 있는데, 그것은 바로 우리가 관계를 갈망하는 존재들이라는 사실이다. 우리는 관계 속에서 태어나 그 관계를 확장해가면서 세상에 자리를 잡는다. 살아가면서 다른 사람의 시선으로부터 자유로울 수 없는 것도 바로 그 관계성에 대한 본능적 열망 때문이다.

> "남이 나를 알아주지 않아도 노여워하지 않으면, 이 또한 군자(君子)라고 할 만하지 않은가?" 「학이」

공자가 생각한 이상적인 인간인 군자의 세 가지 즐거움을 말하는 것으로 시작되는 『논어』 첫 문단의 마지막 부분이다. 스스로 많은 공부를 하여 내면적인 덕과 백성을 다스릴 수 있는 능력을 고루 갖추었다고 생각했을 공자는 불행히도 춘추시대 말기의 혼란상 속에서 제대로 인정받지 못했다. '상갓집 개'라는 별명이 붙을 정도로 천대받기도 했고, 당시의 어떤 권력자도 그의 말에 귀를 기울이지 않았다.

> "지위가 없음을 걱정하지 말고, 그 자리를 맡을 수 있는 능력이 자신에게 있는지를 걱정하라. 자기를 알아주는 사람이 없음을 슬퍼하지 말고, 다른 사람이 알아줄 만한 일을 하도록 노력하라." 「이인」

시민의 행복과 군자(君子)의 즐거움

우리 시대는 시민의 시대이고, 따라서 공자가 말한 군자와 소인(小人)의 구분은 조심스럽게 재해석되어야만 받아들일 수 있는 여지가 생긴다. 그는 의로움과 이익 추구를 그 구분의 기준으로 삼고 있는데, 자신의 생존을 스스로 책임져야 하는 시민은 누구나 자신의 이익에 관심을 가져야 하기 때문이다. 그러면서도 그 시민에게는 공공의 이익과 올바름의 지향이라는 윤리가 동시에 부과된다. 만약 모든 시민들이 자신의 이익만을 추구한다면 시민사회가 존속할 수 없을 것이기 때문이고, 각 시민의 삶이 무의미하고 건조한 것으로 전락할 가능성이 높기 때문이다.

그렇게 보면 시민윤리의 핵심은 바로 '의로움과 이익 사이의 균형 잡기'라고 할 수 있다. 정당한 자신의 이익을 추구하면서도 자신이 맺고 있는 관계와 그 관계의 총체인 공동체도 동시에 중시하는 자세가 시민윤리의 지향점인 것이다. 어떻게 하면 이런 균형 잡힌 자세를 취할 수 있을까? 사실 빠른 속도감으로 전개되고 있는 우리 일상 속에서 이런 균형을 잡는 일이 결코 쉬운 과제가 아님을 우리는 잘 알고 있지만, 그렇다고 해서 포기할 수 있는 목표도 아니다. 이 난관 속에서 떠올려볼 수 있는 것은 우리 모두가 행복을 추구하는 존재임을 확인하는 일이고, 그 행복에 대한 공자의 가르침을 재해석해보는 일이다.

공자는 자신이 지향한 군자의 삶 속에서 누릴 만한 즐거움을 세 가지로 제시한다. 첫째는 시간이 되는 대로 배우고 그것을 삶 속에서 실천하는 일이고, 둘째는 친구가 멀리서 찾아와주는 일이며, 마지막 세 번째가 바로 위에서 확인한 남이 알아주지 않아도 화내지 않는 것이다. 첫 번째는 자신의 내적인 삶 속에서 실현할 수 있는 행복이고, 두 번째와 세 번째는 다른 사람과의 관계 속에서 실현할 수 있는 행복이다. 바쁘고 정신없는 일상 속에서 찾아와주는 친구를 반갑게 맞을 수 있고, 남이 알아주지 않아도 화내기보다 스스로 그런 능력과 자격을 갖추고 있는지를 성찰하는 시민으로 살아갈 수 있으면 좋겠다. 그런 시민들이 이끌어가는 사회 또한 여유와 행복이 넘치는 공동체일 수밖에 없을 것이기 때문이다.

2부 다른 사람 및 공동체와 관계 맺기

낯섦을 어떻게 받아들일 것인가?
-다종교 시대에 『꾸란』 읽기

익숙한 것들은 우리를 편안하게 한다. 아침에 일어나 늘 마시는 커피는 기분 좋은 자극으로 뇌와 마음을 자극하고, 가볍게 곁들이는 곡물빵과 과일 또한 가벼운 허기를 달래주며 부드럽게 넘어간다. 일상은 이처럼 익숙한 것들로 채워지면서 우리 삶의 역사를 이룬다. 이런 하루하루의 일상이 쌓여 한 해를 이루고, 한 사람의 생애와 그 사회의 역사로 자리한다.

평생을 자신이 태어난 곳에서 벗어나지 않았다는 독일 철학자 칸트는 그런 익숙함을 즐기면서도 낯선 곳에 대한 호기심을 떨쳐버리지는 못했던가 보다. 어느 곳에 먼 곳을 여행한 사람이 있다는 소식을 접하면 꼭 그를 저녁 만찬 자리에 초대해서 그 이야기를 듣고자 했다. 비교적 규칙적이었다는 산책과 철학적 사색, 가끔씩 길게 이어지는 만찬이 정언명법이나 영구평화론 같은 그의 윤리학적 개념과 이론을 만들어내게 하는 바탕이었던 셈이다.

우리 역사 속에서는 이런 익숙함과 낯섦 사이의 조화를 추구하던 고려 같은 시기가 있었는가 하면, 쇄국정책으로 이름이 붙은 낯섦의 거부와 배척의 조선시대도 있었다. 그런데 현재 우리는 이제 그런 낯섦의 거부 자체가 불가능한 시대, 즉 세계화의 시대를 맞고 있다. 세계화는 지리적 거리감 축소에서 시작해서 마음 속 거리감을 좁혀주는 순기능과 함께 테러와 공포의 세계화 같은 역기능을 발휘하면서 우리 삶 전반을 감싸고 있다.

낯섦의 대상, 이슬람

전국의 대학이나 거리에서 이슬람 복장을 한 사람들을 만나는 일이 어렵지 않다. 유난히 무덥던 지난여름, 머리부터

발끝까지 꽁꽁 동여맨 이슬람 여성과 마주치면서 무엇이 저들을 저런 고통스런 복장을 견디게 하는 것일까 하는 생각을 한 적이 있다. 같은 여름 독일 뮌헨중앙역 가까운 숙소에 머물 때, 슈퍼를 찾아 헤매다가 잘 모르고 들어간 이슬람 음식(할랄 푸드) 전문점에서 마주한 이슬람 남성의 호기심 어린 눈빛에서는 원인을 알 수 없는 두려움과 공포를 느껴야만 했다. 아마도 끊이지 않고 이어지고 있던 유럽 테러의 주인공들이 주로 이슬람인데서 비롯된 것일 가능성이 높다.

이제 우리 땅이나 여행지에서 이슬람과 마주치는 일은 더 이상 특별한 일이 아닌 것이 되었다. 그런 점을 고려하면 충분히 그들에게도 익숙함을 느낄 만도 하지만, 여전히 일정한 낯섦이 먼저 다가오는 이유가 무엇일까? 그들은 극단적인 테러도 마다하지 않는 '이슬람 국가(IS)'의 구성원들과 어떤 관계를 맺고 있는 것일까? 아니면 우리와 똑같이 일상을 꾸리면서 살아가는 보통 사람들인 것일까?

사실 이런 물음들은 상식적으로 보면 당연한 것을 묻는 수준 낮은 것이거나 답이 이미 나와 있는 것들이다. 그럼에도 우리는 이런 물음들 앞에서 약간의 망설임을 경험하곤 한다. 저들이 갖고 있는 종교인 이슬람이 평화와 환대의 종교이라지만 우리가 접할 수 있는 뉴스만으로는 쉽게 동의하기 어렵고, 특히 2001년 뉴욕 세계무역센터 테러 이후 미국이 주도해온 '테러와의 전쟁'에서 악의 축으로 이슬람이 규정되면서 이런 의혹과 두려움이 커져 있기 때문일 것이다.

이런 요인들이 더해지면서 이슬람은 우리에게 여전히 익숙함의 대상이라기보다 낯섦의 대상이고, 그 낯섦의 배후에는 두려움과 적대감이 숨겨져 있다. 그 적대감과 두려움은 과연 정당한 것일까? 이 물음에 답하기 위해서는 당연히 그들을 정확히 알 수 있어야 하지만, 그것도 쉽지 않은 일이다. 우리의 거리나 여행지에서 이슬람 사람, 즉 무슬림을 만나 깊은 이야기를 나눌 수 있다면 어느 정도 사실에 접근할 수 있겠지만, 그것만으로 그들을 다 알 수는 없는 노릇이어서 무언가 다른 노력을 해야 하는 것 아닌가 하는 생각을 하게 된다.

그런 구비에서 우리가 떠올려야 하는 필수적인 공부 대상은 당연히 이슬람 경전 '꾸란'이다. 이전에는 영어식 발음인 '코란'으로 알려져 있던 이 경전을 가능하다면 그들의 시각으로 보고자 노력해야 하고, 이를 위한 첫걸음으로 '꾸란'이라는 이름에 익숙해질 필요가 있다. 꾸란은 이슬람을 창시한 무함마드의 말씀을 기록한 '성스러운 책'이라는 뜻을 지니고 있다. 불교와 그리스도교 같은 대표적인 제도 종교의 창시자들과 비교해서 우리와 가장 가까운 시기에 살았던 무함마드도 벌써 일천년 전 사람이고, 따라서 그에 관한 이야기는 이슬람 경전 속에서 주로 확인할 수 있다.

환대의 윤리와 관용의 종교: '꾸란'의 가르침

> "꾸란을 믿는 자들이나 구약을 믿는 자들이나, 그리스도인과 천사를 믿는 시바인들이나, **하나님과 내세를 믿고 선행을 하는 자들에게는** 하나님의 보상이 있을 것이다. 그대들에게는 두려움도 슬픔도 없을 것이다."[4]

> "모든 인간은 그가 지향하는 목적이 있으니, **선을 행하는 것을 갖고 서로 경쟁하라."** 2장 '바까라' 148절

> **"부유함과 어려움을 가리지 않고 자선을 베풀되 분노하지** 아니하는 자는 하나님의 사랑을 받을 것이다." 3장 '이므

4 최영길 주해(2015), 『한글 꾸란』, 2장 '바까라' 62절, 강조는 필자의 것이며, 아래 강조도 마찬가지고 가독성을 위해 문맥을 자연스럽게 다듬기도 했다.

란' 134절

첫 번째 꾸란 인용을 통해 우리는 유일신을 믿는 이전의 두 종교, 즉 유대교와 그리스도교를 차별하지 않고자 하는 이슬람의 관용과 포용을 확인할 수 있다. 그들 모두의 신인 하나님과 그가 제시한 내세를 믿으면서 선행을 하는 자는 모두 보상이 있을 것이다 라고 선언하고 있는 것이다. 여기서 또 한 가지 주목해야 하는 것은 선행 또는 자비의 지속적인 강조이다. 두 번째와 세 번째 인용에서도 일관되게 확인할 수 있는 이 사실은 이슬람이 기본적으로 윤리의 종교임을 입증해주는 근거들이다.

> "죽은 고기와 돼지고기를 먹지 말라. 또한 하나님의 이름으로 도살되지 아니한 고기도 먹지 말라. 그러나 고의가 아니고 어쩔 수 없이 먹을 경우는 죄악이 아니라 했다. 하나님은 진실로 관용과 자비로 충만하신 분이기 때문이다." 2장 '바끼라' 173절

우리가 흔히 알고 있는 이슬람의 돼지고기 금기와 관련된 꾸란의 내용이다. 이 인용을 통해서 우리가 확인할 수 있는

사실은 죽은 고기와 돼지고기, 하나님의 이름을 걸고 경건하게 도살되지 않은 고기를 먹지 말라는 금지의 윤리와 함께 고의가 아닌 어쩔 수 없는 경우에는 죄가 되지 않는다는 관용의 윤리다. 이 관용의 윤리는 다시 고아와 구걸하는 자, 여행자에게 자선을 베풀라는 환대의 윤리로 확장된다.

> "부모를 위해서, 친척과 고아, 구걸하는 자와 여행자를 위해서 자선을 베풀어라. 그리하면 그 모든 자선의 행위를 하나님은 알고 계신다." 2장 215절

> "선행이거나 정의의 일이거나, 사람 사이에 화해시키는 일이 아닌 맹세에서 하나님의 이름으로 변명하지 말라." 2장 224절

선행과 정의, 사람들 사이의 화해를 위해서 하나님의 이름을 불러도 좋다는 마지막 인용은 이슬람이 개인의 마음의 평화는 물론 인간들 사이의 관계, 사회 정의와 세계 평화에도 깊은 관심을 갖고 있는 종교임을 확인시켜준다. 한 사람의 윤리체계는 기본적으로 개인의 행복과 사회 정의, 세계 평화라는 세 가지 화두가 일관성 있게 통합되어 있을 때 비로소 온

전한 것으로 평가받을 수 있다는 사실을 상기해보면, 이슬람 윤리는 그 기본 요건을 갖추고 있다고 평가받을 만하다. 특히 부모와 친척에서 시작해서 고아와 구걸하는 자는 물론 처음 만나는 낯선 여행자를 위해서까지 자선을 베풀어야 한다는 가르침에 주목해보면, 이슬람이야말로 관용과 환대의 종교라고 인정하지 않을 수 없다.

낯선 타자를 어떻게 맞이해야 할까?

이슬람의 기본 가르침을 이렇게 확인하고 나서도 우리는 여전히 그들에게서 낯섦을 온전히 떨쳐버리지 못한다. 미국과 유럽은 물론 동남아시아에서도 지속적으로 일어나고 있는 테러와 조금 거슬리는 복장, 웅얼거리는 듯한 그들의 잦은 기도 등이 그 낯섦을 지속시키는 원인들일 지도 모른다. 그럼에도 또 한 가지 확실해진 사실은 그들과 어떤 방식으로든지 만나지 않고는 살아갈 수 없게 된 현실이다. 오늘 우리가 타고 있는 전철이나 버스에서 만날 수 있고, 어느 여행지에서 만날 수도 있다. 아니면 우리 일터에서 좀 더 적극적으로 지속적인 만남을 이어가야 하는 상황과 마주했을 수도 있다.

모든 낯섦은 그 대상이 내게 어떤 행동을 보일지 알 수 없다는 점에서 두려움을 가져다준다. 그러나 다른 한편으로는 그 낯섦은 내가 알지 못했던 새로운 세상과의 만남 가능성이라는 설렘의 원천이 될 수도 있다. 실제로 우리 삶은 주로 익숙함을 기반으로 전개되지만, 어느 순간 두려움을 떨치고 낯섦과 마주함으로써 이전과는 다른 질적 비약의 가능성이 열리기도 한다. 그렇게 보면 낯선 것이 눈앞에 다가왔을 때 두려움을 딛고 희미한 호기심을 바탕으로 삼아 과감하게 받아들이는 과정이 우리 삶의 질적 도약을 위한 계기라고 말할 수 있다. 내가 그렇게 낯섦을 환대하면 상대방 또한 나에게 호의적으로 접근해올 수 있는 가능성도 커진다. 우리 속담, '웃는 얼굴에 침 못 뱉는다.'가 그런 적극적인 상황을 잘 그려내고 있다.

불교는 대표적인 관용의 종교로 알려져 있을 뿐만 아니라, 유일신을 전제로 하지 않기 때문에 타종교인이나 비종교인에 대해 환대할 수 있는 윤리적 기반 또한 풍부하게 지니고 있다. 실제로 불교사를 통해 그 관용과 포용의 역사가 검증되기도 했고, 그 중에서도 우리 한국불교는 회통을 전제로 삼아 대승의 화엄과 선은 물론 최근에 초기불교까지 포용할 수 있는 기반을 갖추어 가고 있다. 이런 포용성은 당연히 다른 종교인이나 비종교인에 대한 환대와 포용을 포함하고, 특히 그리스도교인이나 이슬람에 대한 포용을 이끌어가면서 다종교사회이자 다문화사회가 된 한국사회를 이끌어갈 수 있는 잠재력을 지니고 있다는 평가가 가능하다.

그런데 최근 그 한국불교를 대표하면서 국가 재정지원은 물론 사찰과 국립공원 상당 부분을 차지하고 있는 조계종단 집행부의 배타적이고 공격적인 모습은 이해하기 어려울 뿐만 아니라. 받아들이기는 더 어렵다. 소통을 전제로 토론과 합의를 통해 보다 나은 진리의 세계를 지향하고자 하는 화쟁정신(和諍精神)을 겉으로만 강조하고, 실제로는 불통과 독선을 마다하지 않는 모습에 많은 사람들이 절망감마저 느끼고 있다. 나라 상황이 헬조선(hell朝鮮)을 외칠 만큼 좋지 않은데, 그 상황을 개선하는데 도움을 주기는커녕 악화시키는데 일조하고 있는 것 아닌가 하는 의구심을 떨쳐 버리기 어렵다.

이런 상황은 어느 누구에게도 도움이 되지 않는다. 대다수의 스님들과 재가자들은 말할 것도 없고 소통의 위기에 처한 한국 시민사회의 모든 구성원을 위해서도 불행한 일이다. 어디서부터 문제를 해결해나가야 할지 출구가 잘 보이지 않는 이 절망의 상황을 직시하면서, 조계종 집행부가 다종교사회이자 무종교사회로 치닫는 한국사회를 이끌어가는 출발점으로 이슬람을 적극적으로 받아들이고 포용하는 일부터 시작해보면 어떨까 하는 제안을 하고 싶다. 그 노력은 다시 내부의 적대적인 타자들을 향하는 포용과 이 땅의 고통받는 사람들을 위한 자비행(慈悲行)으로 자연스럽게 확산될 수 있을 것이기 때문이다.

윤리 귀환 시대에 시민으로 살아가기

-아리스토텔레스의 『니코마코스윤리학』 읽기

2016년 11월부터 시작된 촛불은 해를 넘기면서 이어졌다. 국민의 압도적인 의사에 따르는 대통령에 대한 탄핵 절차가 진행되고 있고, 그에 맞서는 소수의 탄핵저지 시위도 태극기와 성조기를 함께 앞세운 채 서울역 광장 등에서 비교적 평화롭게 진행되고 있다. 새해 첫 촛불집회는 세월호 1,000일 추모집회 성격을 지니고 있어 더 착잡했는데, 집에 돌아오는 길에 정원스님의 소신공양 소식까지 들려와 잠시 정신적 공황 상태에 빠지기도 했다.

1981년 5월 중순의 일이다. 아크로폴리스라는 이름을 가진 서울대학교 도서관 앞 광장을 지나다가 몇 사람이 모여 웅성거리고 있어 나도 모르게 그쪽으로 다가갔다. 그런데 딱딱한 시멘트 바닥은 피범벅이 되어 있고 한 사람이 엎드린 채 죽은 듯이 누워있는 것이 아닌가. 머리가 하얘지면서 아무런 생각을 할 수 없었고, 몸이 굳어져 움직일 수조차 없었다. 그러는 사이 어떤 사람들이 쓰러진 사람을 들것에 실어갔고, 그제야 나도 정신을 추슬렀지만 끝내 강의실에 들어가지는 못했다.

광주민주화운동이 일어나고 1년이 지난 시점의 일이다. 그 엄청난 살육에도 전두환 군부정권의 억압과 보도 통제 등으로 몇몇 사람만 모여 희생자들에 대한 추모를 해야 했던 상황 속에서 서울대 경제학과 학생이던 김태훈 형이 도서관 난간에 올라가 광주를 기억해야 한다고 절규하며 뛰어내린 사건의 목격자가 된 것이다. 그 형은 가까운 후배의 친형이었고, 고교 시절 누구나 꿈꾸는 세속적인 성공의 모형, 즉 서울대학교 사회계열에 우수한 성적으로 합격하였으면서도 법대가 아닌 경제학과를 택한 멋진 선배이기도 했다.

그 날 이후 나의 대학 시절은 '민주주의는 피를 먹고 자란다.'는 섬뜩하기조차 한 명제를 삶 속에서 어떻게 받아들여야 하는지를 놓고 씨름하는 과정의 좌절과 고통, 부끄러움, 분노 등이 교차하는 회색빛 시간들로 채워졌다. 운동권에 온전히 편입되지도 못하고, 그렇다고 세속적인 공부에 몰입하지도 못하는 어정쩡한 시간들은 과외금지 조치로 인한 경제적 어려움이 더해지면서 무력감과 절망감의 연속으로 이어질 수밖에 없었다. 정원스님의 소신공양 소식은 바로 그 기억들을 정면으로 불러내며 우리 사회의 현실과 내 삶의 의미 물음에 대한 직시 요청으로 무겁게 다가서고 있다.

이 절박한 상황 속에서 불현듯 떠오른 인물이 고대 그리스의 철학자 아리스토텔레스다. 그는 그리스를 대표하는 폴리스 중 하나인 아테네 태생이 아닌 변방 출신으로 그곳 귀족 집안 자제였던 플라톤의 수제자로 꼽히는 사람이지만, 정작 플라톤이 세운 학교의 실제적인 계승자는 되지 못하는 불운을 겪어야 했다. 후에 알렉산더대왕의 스승이 됨으로써 그런 개인적 한을 조금은 풀었을 테지만, 이런 상황에서 그가 떠오른 것은 아마도 자신의 아들인 니코마코스에게 세상을 어떻게 살아야 하는지를 일러주고자 하는 아버지로서의 음성이 둘째 아이와 함께하는 촛불집회에서 내가 간직하고자 했던 그 간절함과 통했기 때문일 것이다.

좋은 삶이란 무엇일까?

요즘 우리들은 이른바 '잘 나가는 사람들'의 민낯과 마주해야 하는 고통을 필요 이상으로 경험하고 있다. 최고의 대학을 나오고 사법고시 같은 어려운 관문을 통과하여 누구나 부러워할 만한 자리에 오른 사람들이 보여주는 남루한 일상은 대통령의 그것과도 겹치면서 분노와 당혹감, 어이없음 등의 감정을 지속적으로 불러내고 있다. 특히 그들이 금방 밝혀질 수밖에 없는 뻔한 거짓말을 아무렇지도 않은 얼굴로, 아니 교양 있는 표정과 언사로 해대는 모습을 보고 있노라면, 도대체 어쩌다가 우리가 이렇게까지 되었을까 하는 자괴감이 일어나기도 한다.

돌이켜보면 우리 역사에서 지도층들이 제대로 된 모습을 보여준 적이 많지는 않지만, 그럼에도 선비정신이나 보살심을 갖춘 분들을 떠올리는 일이 불가능한 것은 아니다. 최근까지도 우리는 국무총리 자리를 여러 번 거절하면서 대학 정신을 지키고자 했던 김준엽선생이나, 무소유의 삶을 통해 우리들의 일상에 차가운 샘물 같은 서늘함을 주었던 법정스님 같은 분들을 시대의 어른으로 모실 수 있었다. 그런데 이제는 그런 어른들은커녕 최소한의 윤리조차 갖추지 못한 채 아무런 거리낌 없이 부정한 방법으로 돈을 모으면서 일반 시민을 개나 돼지로 생각하는 권력자들이나, 누구와도 소통하고 싶지 않다는 듯 입을 꽉 다문 채 거짓말을 일삼는 노인 권력자들이 주도하는 세상이 되어버린 듯하다.

> "그들의 삶을 통해 판단해 보건대, 다중들 특히 대단히 통속적인 사람들은 좋음과 행복을 쾌락이라고 생각하는 것처럼 보인다. 그런 생각에 일리가 없는 것은 아니기 때문에 그런 삶을 추구하는 사람들이 그렇게 많은 것 같다. 우리가 생각할 수 있는 가장 두드러진 삶의 유형은 세 가지인데, 그런 **향락적인 삶**과 **정치적인 삶**, **관조적인 삶**이 그 셋이다." 『니코마코스윤리학』 1권[5]

우리 시대와 마찬가지로 고대 그리스에도 쾌락을 추구하는 향락적인 삶을 살아가는 사람들이 대다수였던가 보다. 그 사실을 확인하는 것으로 아들과의 대화를 시작하는 아리스토텔레스는 그런 삶 말고도 다른 삶이 있음을 강조하고자 한

5 아리스토텔레스, 이창우 외 옮김(2008), 『니코마코스윤리학』, 이제이북스, 20쪽.

다. 폴리스라는 공동체에 적극적으로 관여하는 정치적 삶과 그 공동체와 자신의 삶을 보다 완전한 것으로 만들고자 하는 관조적 삶이 그것이다. 정치적 삶은 명예를 얻는 것이 목적이 되고, 관조적 삶은 삶 자체의 탁월성, 즉 아레테(arete)로서의 덕을 갖추는 것이 목적이 된다. 덕을 갖추고 살아가는 것이 곧 행복에 이르는 길임을 강조하면서 그는 자신의 아들도 그런 진정한 행복을 추구하는 삶을 꼭 살아갈 수 있기를 간절히 바라고 있다.

아리스토텔레스를 읽다보면 가장 많이 오해하거나 착각하게 되는 개념이 바로 행복(幸福, happiness)이다. 우리들 또한 행복을 주로 쾌락을 전제로 하는 즐거움으로 받아들이는 경향이 있어 그가 말하고자 하는 행복과는 전혀 다른 차원의 개념으로 받아들이게 되기 때문이다. 그에게서 행복은 다이모니아(daimonia)라는 보다 온전한 상태에 도달하고자 하는 열망(eu)이다. 인간으로서의 고유한 본성을 온전히 실현한 완전함이 다이모니아이며, 행복(eudiamonia)은 바로 그런 완전함에 대한 열망의 추구 자체인 셈이다.

우리가 고통스럽게 지켜보고 있는 '성공한 얼굴들'에게 그 행복은 주로 높은 지위와 그 지위를 이용해서 벌어들이는 돈을 통한 쾌락의 추구일 것이다. 이번 정권에서는 그것에 나와

남을 임의적으로 구분하면서 내 편에 속하지 않는 사람들을 철저히 배척하고자 하는 동일성과 배제의 논리와 행동이 더 해졌다. 만 명에 가까운 문화예술인들을 배제하는 명단을 만들고, 실천적 지식인으로 행동한 교수들은 총장 임용에서 빼버린 채 길게는 3년씩이나 총장이 없는 대학으로 만들어버리는 만행을 저지르면서 저들은 아마도 알량한 행복감을 공유했을 것만 같다.

윤리 귀환의 시대에 요청되는 우정과 정의

우리에게 윤리는 이중적인 느낌으로 다가오는 대상이다. 대체로는 부담스럽고 무언가 답답한 느낌으로 다가오는 경우가 많고, 그러면서도 완전히 무시할 수는 없을 것 같은 느낌으로 다가오기도 한다. 조선 500년이나 20세기 우리 역사 속에서 윤리를 바라보는 그런 이중성이 강화되었고, 특히 일제강점기와 유신정권에 의해 황국신민(皇國臣民)의 노예적 도덕이나 국민윤리(國民倫理)의 형태로 강요되면서 극복의 대상으로 전락해야만 했다. 올바른 삶에 대한 열망을 바탕으로 하는 인간들 사이의 바람직한 관계 맺기가 윤리의 핵심임을 고려해보면 그런 윤리들은 반윤리적인 것들로 평가되어야 마땅하고, 다행히 우리는 광주민주화 운동과 6월 항쟁 등을 통해 그 외적인 굴레는 벗어버릴 수 있게 되었다.

그러나 왜곡된 전통으로서의 국민윤리의 극복이 곧바로 새로운 시민윤리의 정립으로 이어지지 못한 채 맞게 된 21세기에, 그것 없이 감당해내야 하는 엄청난 사회적 비용과 남루하고 초라한, 이른바 성공한 인간들의 비극적인 삶을 눈앞에서 목격할 수 있게 되었다. 바야흐로 진정한 윤리의 귀환이 요청되는 시대와 마주하고 있는 것이다.

> "덕(탁월성)을 근거로 맺어진 친구들은 서로에게 잘해주려고 노력한다. 그것이 덕과 우정의 특징이기 때문이다. 덕과 우정을 놓고 경쟁할 때는 불평이나 다툼이 생겨나지 않는다. …… 그런데 이익을 근거로 성립하는 우정에서는 불평이 나오기 마련이다. 이익을 목표로 삼아 서로를 이용하면서 언제나 더 많은 것을 가지려 하고, 마땅한 몫보다 더 적은 것을 가졌다고 생각하기 때문이다. 정의(正義)가 문자로 쓰여지지 않은 정의와 법으로 명시된 정의로 나눠지는 것처럼, 이익에 따른 우정도 관습적인 것과 법으로 규정된 것이 있는 것

같다. 불평은 주로 관계를 시작할 때의 우정과 끊을 때의 우정이 같지 않을 때 생겨난다." 8권[6]

아리스토텔레스는 아들에게 잘 살아가는데 우정과 정의가 꼭 필요함을 반복해서 강조하고 있다. 이 둘은 덕을 기반으로 성립하는 우정을 전제로 하면 서로 긴밀하게 연결되어 있고, 따라서 모든 인간관계는 정의를 바탕으로 삼는 우정의 관계여야 한다는 것이 그의 핵심 생각이다.

"사람은 본성상 둘씩 짝지어 살게 되어 있고, 이것은 정치적 공동체에 소속되는 것보다 더 본성에 가까운 것이다. 즉 가정이 폴리스(polis)보다 더 먼저인 것이다. …… 남편이 아내에게 어떻게 처신하며 살아야 하는지의 문제, 더 일반적으로 말해서 한 친구가 다른 친구에게 어떻게 처신해야 하는지의 문제는 어떻게 정의롭게 살아야 하는지의 문제와 결코 다르지 않은 것처럼 보인다. 왜냐하면 한 친구가 다른 친구에게

6 이창우 외 옮김, 앞의 책, 307-308쪽.

가지는 정의로움이 그가 이방인에게 가져야 하는 정의로움과 다른 것으로는 보이지 않기 때문이다." 8권[7]

시민으로서의 우리는 이런 시대와 사회 속에서 어떻게 살아야 하는가 하는 물음을 결코 외면할 수 없다. 이 물음은 한편으로 의미 있는 삶을 추구하는 본성에 속하는 것이기도 하지만, 다른 한편으로는 늘 마주하는 사람들과 어떤 우정을 나누어야 하는지를 묻는 실천적인 성격을 지니는 것이기도 하다. 자본주의에서 살아가는데 꼭 필요한 돈을 벌기 위해서는 이익에 근거한 관계를 맺기도 해야 하지만, 그 관계조차도 공정성과 상호이익을 전제로 할 때만 지속가능하다. 그 공정성은 당연히 자신에게 합당한 몫만을 받고자 하는 최소한의 정의감을 포함한다. 그런데 삶에는 더 중요한 실존(實存)의 차원에 포함되어 있고, 그것은 인간다운 삶을 좌우하는 핵심 요소이다. 아리스토텔레스가 자신의 아들에게 보다 나은 삶을 향하는 탁월함의 지향으로서 덕을 기반으로 삼아 진정한 우정과 정의를 추구해야 한다고 강조한 이유이기도 하다.

7 이창우 외 옮김, 앞의 책, 306-307쪽.

시민윤리에서 삶의 의미 물음은 각자에게 맡겨진다. 다만 우리는 함께 공유해야만 하는 공공의 영역을 갖지 않으면 살 수 없기 때문에 그것을 가능하게 하는 우정의 관계와 정의로운 공동체도 꼭 필요하다. 함께 살아가고 있는 21세기 초반 한국사회에서 이익을 전제로 하지 않아도 가능한 우정과 법망을 교묘하게 이용하는 '법꾸라지'도 결코 피해갈 수 없는 '문자로 쓰이지 않은 정의'의 회복이라는 과제가 절박하게 다가오는 시절을 건너고 있는 중이다. 이 과제를 자신의 문제로 온전히 껴안을 수 있는 능력과 마음가짐을 갖춘 시민이자 보살만이 희망이고, 우리는 그 희망의 불씨를 먼저 사부대중공동체의 온전한 회복을 통해 살려내야만 한다. 그 실천은 총무원장 직선제 같은 구체적인 제도 개혁을 위한 공동의 노력과 자신의 마음속에 우정과 정의라는 시민윤리의 싹을 심는 개인적 노력으로 구체화될 수 있다.

우리 시대에도 보편윤리가 가능할까?
–칸트의 『윤리형이상학 정초』 읽기

계절이 변화하는 환절기에는 몸과 마음이 제자리를 지키기 힘들어한다. 마음은 괜히 우울해지거나 맑은 하늘만 보고도 들뜨기를 반복하고, 몸 또한 감기나 훌쩍이는 계절성 비염을 불러내 몽롱한 하루를 보내곤 한다. 계절의 변화는 일상 속에서는 쉽게 잊곤 하는 시간의 하염없는 흐름을 몸으로 느끼는 계기이기에 그럴 것이다.

며칠 전 한때 우리 사회에서 공공의 적이었던 한 교수가 우울증과 대인기피증을 앓다가 자살했다. 젊은 시절에는 윤동주의 시를 부끄러움이라는 모티브로 명료하게 잡아내면서 천

재학자로 칭송받았고, 그 칭송은 인문학자로서는 상상하기 어려운 20대 교수라는 지위로 이어지기도 했다. 삼십대 초반 자신의 모교인 연세대학으로 직장을 옮긴 그는 개성과 심도를 갖춘 강의로 수백 명의 학생을 불러 모은 인기교수이기도 했다. 그랬던 그가 『나는 야한 여자가 좋다』는, 야릇한 느낌을 주는 책을 펴내면서 다른 의미의 관심 대상이 되었고, 결국 그 관심은 젊은이들을 성적인 타락의 길로 이끄는데 앞장선다는 이유로 감옥에 가고 대학에서도 쫓겨나는 신세로 전락하는 결과로 이어지는 요인이 되었다.

'마광수'라는 이름으로 상징되던 그의 죄는 우리 사회의 도덕규범을 현저하게 흔들었다는 것이다. 특히 성윤리를 정면으로 훼손하면서 자신이 가르치는 젊은이들을 오염시켰다는 것이 강조되었다. 정말 그랬던 것일까? 아테네 청년들의 정신을 오염시킨다는 죄명으로 사형 선고를 받은 소크라테스처럼, 그에게도 혹시 다시 평가해봐야 하는 다른 삶의 의미와 윤리가 있는 것은 아닐까?

다시 '윤리가 무엇일까' 라는 물음

이 지점에서 우리는 다시 윤리가 도대체 무엇일까 하는 새삼스런 물음과 마주하게 된다. 쉽게 어떤 사람을 평가하는 기준으로 활용하기도 하는 그 윤리가 도대체 무엇이기에 우리는 어떤 사람의 삶을 그 윤리의 이름으로 송두리째 매도하기까지 하는 걸까? 우리 시대에 윤리(倫理)에 관한 단 하나의 정의(定義)를 만나는 일은 물론 불가능하다. 윤리학자들 사이에서도 견해가 엇갈리기 때문이다.

그럼에도 윤리라는 말이 사용되는 맥락에서 일관성 있게 관찰되는 두 차원의 정의를 추출해내는 일은 가능하다. 하나는 우리 사회에서 이미 통용되고 있는 규범의 차원이고, 다른 하나는 그것과 연계되면서도 상대적인 자율성을 누리는 내 마음 속 열망의 차원이다. 우리말에서는 전자를 주로 도덕(道德)이라고 하고 후자를 학문적인 느낌까지 더해서 윤리(倫理)라고 해서 구분하는 경향이 있지만, 엄격한 구분은 당연히 가능하지 않다.

한 사회에서 통용되는 도덕규범은 역사성과 함께 상대성을 지닌다. 그 사회 구성원들이 함께 이루어온 역사 속에서 형성되어 현재까지 유효한 것이고, 바로 그 이유 때문에 시대와 상황의 변화에 따라 변할 수 있는 가능성을 지니고 있는 것이다. 20세기 초반까지 지구상에 존재하는 각 문화권에 대한 탐색이 완료되면서 특히 그 상대성이 부각되어 문화상대주의를 윤리상대주의로 착각하는 경향까지 나타나기도 했다. 다시 말해서 각 문화가 다른 것처럼, 모든 도덕규범 또한 상대적인 것 아닌가 하는 생각이 뿌리를 내리기 시작했던 것이다.

도덕규범은 법률로 제정되어 우리 삶 속에서 강제되는 법규범과 함께 사회질서를 유지하는 대표적인 규범에 속한다. 뿐만 아니라 '법은 도덕의 최소한' 이라는 명제에서 알 수 있는 것처럼, 양심과 함께 그 법규범의 정당성을 판단하는 준거로 인정받기도 할 만큼 중요한 규범이다. 그런데 그렇게 통용되고 있는 도덕규범을 내 마음 속에 받아들이면서도 그것이 정말로 올바른 삶을 위해 도움이 되는 것인가를 따지고자 하는 윤리의 차원으로 넘어오면, 때로 그 규범조차 극복의 대상이 될 수 있는 가능성이 열린다는 점에 주목할 필요가 있다. 바로 이 지점에서 보편윤리의 가능성 또한 열리게 된다.

이 보편윤리를 찾아가는 과정에서 우리는 붓다의 다르마(dharma)와 공자와 노자의 도(道), 소크라테스의 다이모이나의 소리 같은 오래된 개념들과도 만나게 되지만, 비교적 최근의 역사 속에서 빼놓을 수 없는 한 사람의 윤리학자와 만나는 일을 피하기 어렵다. 그가 바로 임마누엘 칸트(Immanuel Kant)다.

경험에 근거한 보편윤리는 가능하지 않다?

"'너는 거짓말을 해서는 안 된다.'는 지시명령은 가령 인간에게만 타당한 것이 아니라, 다른 이성적 존재자들에게도 타당한 것이어야 한다. 그 밖의 모든 본래적인 윤리법칙들도 다 그러하다. 그러니까 **윤리적 책무의 근거는 여기서 인간의 자연본성이나 인간이 놓여있는 세계 안의 정황에서 찾아서는 안 되고, 오로지 순수이성의 개념들 안에서 선험적으로 찾아야 한다.** 한낱 경험의 원리에 기초하고 있는 다른 모든 훈계는, 심지어 어떤 관점에서는 보편적으로 보이는 규정조차도 **경험적 근거들에 의지하고 있는 한 실천 규칙이라고 부를 수는 있겠지만 결코 보편적 윤리법칙이라고 볼 수는 없다.**"[8]

8 칸트, 백종현 옮김(2015), 『윤리형이상학 정초』, 아카넷, 68-69쪽, 강조는 필자가 한 것이다.

존 스튜어트 밀의 공리주의와 함께 서양근대윤리학을 대표하는 윤리학자로 꼽히는 칸트는 윤리가 쾌락을 추구하고 고통을 피하고 싶어 하는 인간의 본성에 토대를 두고 세워져야 한다는 공리주의와는 상반된 입장을 취하고 있음을 알 수 있다. 이 책의 머리말인 이 인용문에서부터 윤리적 책무의 근거가 인간의 자연본성이나 그 인간이 놓여있는 상황 속에서 찾아질 수 없음을 강하게 주장하고 있다. 어떤 인간에게나 똑같이 적용되어야 하고 어떤 상황에서도 동일하게 적용되어야 하는 보편적 윤리법칙이 인간의 자연본성이나 문화 속에서 찾아질 수 없다면 어디서 어떻게 찾을 수 있다는 말일까?

칸트는 맹자처럼 인간의 본성 속에 통제하기 어려울 만큼 강렬한 본능적 욕구와 희미한 선의지가 함께 존재하고 있다고 생각했다. 그런데 우리가 일상 속에서 주로 만날 수 있는 것은 본능과 그것에 기반한 강렬한 욕구이고, 선의지는 너무 희미해 그 흔적조차 찾기 힘든 경우가 많다는 것이다. 바로 그 이유 때문에 칸트는 경험적 근거들에 의지하고 있는 한 실천규칙이라고 부를 수 있을 뿐, 결코 보편적 윤리법칙이라고 볼 수 없다는 강한 입장을 표명하고자 한다.

"너의 행위의 준칙이 너 자신의 의지에 의해 보편적 자연법칙이 될 수 있도록 그렇게 행위하다."[9]

우리에게 정언명령이라고 알려져 있는 칸트의 이 명제는 준칙과 법칙을 구별하는 데서 시작한다. 준칙은 나 자신이 생각해서 어떻게 행동해야 할지를 정해놓은 주관적 원리이고, 법칙은 객관적 원리로 인간을 포함한 이성적 존재자들이라면 누구나 따라야 하는 명령이다. 앞의 것은 임시적인 규칙이라는 의미에서 가언명령(假言命令)이라고 부르고, 뒤의 것은 반드시 누구나 따라야 한다는 의미에서 정언명령(定言命令)이라고 부르고 있다.

모든 윤리법칙은 보편적이고 따라서 모든 사람들이 꼭 준수해야 하는 명령일 수밖에 없다는 이러한 칸트의 주장은 사실 윤리상대주의에 익숙해져 있는 우리에게 낯설 뿐만 아니라 거부감까지 불러오기도 한다. 사람이라면 누구나 지켜야 하는 도덕 또는 윤리법칙의 근거를 하늘의 명령(天命)이나 다르마[法]으로 받아들이는데 익숙했던 동아시아적 전통이나, 이데아나 절대자인 신으로 설정해왔던 서양적 전통 모두가

9 칸트, 앞의 책, 132-133쪽.

흔들리고 있는 시대를 살고 있기 때문일 것이다. 이런 상황 속에서도 우리는 늘 어떤 사태에 대한 판단을 하고 그 판단에 따라 행동해야만 한다. 그럴 때 남게 되는 것은 칸트가 믿을 수 없는 주관적 원리에 불과하다고 비판한 준칙뿐이다.

그럼 어떻게 살아야 할까?

바쁘고 정신없는 우리 일상 속에서는 사실 각 상황에 맞는 자신의 준칙을 찾아내는 일도 쉽지 않고 그렇게 정한 준칙에 따라 행동하는 일은 더 어렵다. 그나마 평소 접하지 못했던 충격적인 상황과 마주했을 때는 고뇌와 사색의 시간을 거쳐 가장 나은 준칙을 설정하려고 하지만, 다른 일상적인 상황 속에서는 습관처럼 생각 없이 행동하거나 자신이 접하는 한정된 정보에 근거해 쉽게 결정해서 행동에 옮기곤 한다. 그런데 칸트는 윤리란 그런 범위를 훌쩍 뛰어넘는 판단과 행동을 요구하면서 꼭 따라야만 하는 정언명령이라고까지 강조하고 있는 것이다.

"(본능적) 경향성들의 모든 대상은 단지 조건적인 가

> 치만을 갖는다. 왜냐하면 모든 경향성 및 그에 기초한 필요가 없다면 아무런 가치를 갖지 못할 것이기 때문이다. …… 만약 그것들이 이성이 없는 존재자라면 단지 수단으로써 상대적 가치만을 가지며, 그래서 물건이라고 일컫는다. 그에 반해 이성적 존재자는 인격이라 불린다. 왜냐하면 그 본성이 이미 목적 그 자체로, 다시 말해 한낱 수단으로 사용되어서는 안 되는 어떤 것을 표시하고, 그런 점에서 아무렇게나 수단으로 사용할 수 없게 하는 존경의 대상이 되기 때문이다."[10]

칸트의 정언명법이 현실 속에서 가능한지, 또 가능하다면 어떤 방법으로 실천할 수 있을지 하는 물음이 꼬리를 문다. 그럼에도 우리가 유한한 삶 속에서 진정한 의미 물음을 포기할 수 없는 존재자라는 사실에는 동의할 수 있고, 그 동의에 기반을 두고 현실 속 도덕규범이 지니는 힘과 영향력에 대한 비판적 시선을 간직할 필요가 있다. 때로 어떤 도덕규범은 인간다운 삶을 억압하는 기제가 될 수 있고, 실제 우리 역사에

10 칸트, 앞의 책, 146쪽.

서도 식민지 노예도덕이나 국민윤리의 이름으로 그런 규범이 생명력을 갖기도 했다.

'마광수라는 이성적 존재자'는 우리 사회의 도덕적 이중성을 고발하는 것을 삶의 목표로 삼아왔다고 고백하곤 했다. 보편윤리의 핵심 요건은 바로 정직성과 일관성이고, 이러한 요건을 갖추지 못한 채 과격한 도덕적 주장만을 펼치는 지도자들이 우리 사회에는 널려 있다. 불행히도 종교지도자들도 전혀 예외가 아니다. 그런 지도자들은 세속인들보다 더 실정법에 호소하는 법꾸라지의 모습을 보이거나, 자신의 양심을 속이는 일조차도 서슴지 않는 것으로 보이기도 한다.

시민사회의 구성원으로 살아가야 하는 우리들은 물론 그들도 시민 중 하나라는 사실을 인정해줄 필요가 있고, 더 나아가 자신에게 그들을 비판할 자격이 있을 만큼 잘 살아내고자 노력하고 있는지 끊임없이 성찰해야 한다는 의무가 동시에 주어져 있다. 또한 그들의 위태로운 삶이 우리의 삶과 분리된 것일 수 없다는 연기적 진리에 대해서도 충분히 유념해야 할 필요도 있다. 다만 종교지도자의 길을 스스로 선택했다면, 그 선택에 대한 책임은 일차적으로 자신에게 있음을 받아들이는 최소윤리를 기대하고 싶을 뿐이다. 마광수교수는 최소한 그들보다는 나은 사람이었다. 그의 명복을 빈다.

이 땅에 정의(正義)가 살아 있을까?

–상징폭력의 시대에 플라톤의 『국가』 다시 읽기

우리 역사에서 늘 평안하기만 했던 때는 없었다. 외부의 침략이 없을 때는 내부의 분란이 커졌고, 내부 분란마저 잠잠해진 때라도 백성들은 하루하루 먹고사는 문제로 치열한 생존 투쟁을 벌여야 했다. 단군 이래 오천년 역사 속에서 우리 시대는 가장 풍요로운 시대이다. 그 풍요가 이 땅에 사는 모든 사람들에게 골고루 미치지 못해 노숙자가 줄지 않고 맑은 눈망울을 지닌 아이들을 안고 자살을 생각하는 절박한 심정의 부모도 있지만, 그럼에도 최소한 우리들이 지닌 부의 총량은 결코 무시할 수 있는 수준이 아니다.

물론 이런 빈부격차와 분배 문제는 우리들만의 것은 아니다. 우리가 쉽게 선진국이라는 말로 환상을 드러내는 미국은 말할 것도 없고, 사회주의적 기반을 지니고 있어 비교적 빈부격차 문제가 덜했던 프랑스나 독일 같은 나라에서도 노숙자가 갈수록 늘고 있다. 지난 7월 가족과 함께 독일 뮌헨중앙역 플랫폼 물품보관소 앞에서 교외선 기차를 기다리는 동안 차례로 나타나 잔돈통을 뒤지는 노숙자들은 젊은 층에서 노년층에 이르기까지 나이를 가리지 않는 다양성을 지니고 있었다. 그 눈빛 속에는 절망과 좌절, 그리고 분노가 가득 담겨 있어 우리는 가능하면 눈을 마주치지 않으려 노력해야만 했다.

이른바 '일류대학' 출신들의 몰락

최근에 우리 사회는 잘 나가는 사람들의 민낯과 마주해야 하는 고통을 지속적으로 경험하고 있다. 모든 부모들이 바라는 학교 공부를 잘 해내서 좋은 대학에 들어가고, 다시 사법시험 같은 정말 어려운 시험을 통과해 판사나 검사로 있다가 청와대 고위직이나 국회의원, 장관 같은 자리에 오른 잘난 사람들의 민낯 말이다. 우리나라에서 고위직에 오르려면 우선 군대를 가지 말아야 하고 위장전입을 해야만 하며, 땅이나 아파트를 투기성으로 사고팔아 상당한 정도의 재산을 축적해야만 한다는 농담 아닌 농담이 불길한 안개처럼 우리 주변을 떠돌고 있을 정도다.

물론 이 문제도 우리만의 것은 아니다. 2008년을 전후하여 미국 월스트리트라는 금융 중심가에서 활동했던, 이른바 금융엘리트들 또한 우리가 환상을 갖고 있는 하버드나 예일 등 유명대학 출신들이었다. 그들은 세계의 많은 사람들이 자신의 작은 재산을 불려보고자 하는 마음으로 투자한 돈을, 실제로는 존재하지도 않는 파생 금융상품이라는 환상을 만들어 아무렇지도 않게 갈취하는 만행을 저질렀다. 문제의 핵심은 그렇게 해서 천문학적 연봉과 성과급을 챙기고도 전혀 죄의식을 느끼지 못하는 듯한 그들의 뻔뻔함 또는 도덕적 무감각이다. 세계 경제가 휘청거리고 수많은 사람들의 고통이 드러나고서야 경영대학원 과정(MBA)에 윤리과목을 추가한다고 야단법석을 떨었지만 질적으로 나아진 것이 있는지 의심스럽다.

미국의 엘리트와 우리 사회의 엘리트가 동일한 속성을 지니는 것은 아니지만, 최소한 두 가지 점에서는 일치한다. 하나는 각각의 사회에서 인정받는 대학을 나왔을 가능성이 높다는 점이고, 다른 하나는 어설픈 선민의식에 기반을 둔 우월의식을 갖고 있으면서도 도덕적으로는 일반 시민보다도 못한 뻔뻔함을 지니게 된 점이다. 우리 같은 일반 시민들 또한 가능하면 재산을 불려보고자 하고 할 수만 있다면 군대에 가고 싶어 하지 않지만, 그들처럼 뻔뻔하지는 않다. 그 엘리트의 중심에 스카이[SKY]로 상징되는 이른바 일류대학이 있다.

지식인이나 엘리트들이 지니는 허위의식을 비판적으로 분석하고자 한 사람들이 적지 않지만, 피에르 부르디외라는 프랑스 사회학자만큼 자신의 문제와 직접적으로 연결시키면서 비판적으로 분석한 사람은 만나기 쉽지 않다. 프랑스 교외 우체국장 아들이었던 그는 그 지역 일반계 고등학교를 다니다가 재능을 높이 평가한 교사의 추천으로 파리의 유명 고등학교로 전학한다. 그곳에서도 좋은 성적을 거두면서 프랑스 최고의 대학이라 불리는 파리고등사범학교에 진학하고, 나중에는 인정받는 사회학 교수가 된 그는 이 과정에서 자신이 겪어야 했던 고통을 '아비투스(habitus)'와 '상징폭력'이라는 개념을 만들어 가며 분석해내고자 했다.[11]

아비투스는 자라나는 과정에서 자신도 모르는 사이에 갖게 된 몸의 습관 같은 것들을 의미하고, 그 몸이 마음과 분리되어 있지 않다는 점에서 곧 마음의 습관이기도 하다. 상징폭력은 그런 아비투스와 힘의 차이에 기반을 두고 다른 아비투스를 지닌 힘없는 사람들에게 행사하는 언어폭력 같은 것들을 가리킨다. 시골출신인 부르디외에게 파리 중상류층 출신의 학생들이 알게 모르게 행사한 폭력이 바로 상징폭력인 것이다. 이 폭력의 특징은 가하는 사람들은 비교적 무신경한 반면, 당하는 사람들의 상처는 깊고 오래간다는 점이다. 거기에 가해자들의 의식구조에 일정한 선민의식이 담겨 있을 가능성이 높다. 시민사회에서는 있을 수 없는 일이지만, 우리나라나 프랑스 사회에 정도만 다를 뿐 그런 의식이 엄연히 존재하고 있는 것이 현실이다.

부르디외의 글을 읽다보면, 그의 진솔함과 함께 자신의 문제와 사회 문제를 분리시키지 않고자 애쓰는 실천적 자세에 감동을 받을 때가 많다. 이런 학문 자세는 물론 가치중립성을 표방하는 사회과학의 속성과 일정한 긴장관계를 조성할 수 있고, 그 과정에서 자신의 경험을 성급하게 일반화하는 오류를 범할 가능성도 있다. 그렇지만 21세기 초반 우리가 살고

11 부르디외의 이 개념들에 대한 소개와 주체적인 해석은 정수복(2015), 『응답하는 사회학』, 문학과지성사, 183-184쪽 참조.

있는 세계는 각 개인의 일상이 세계적으로 유사해지는 초유의 현상과 마주하게 되었고, 그런 점에서 자신의 일상 속에 들어와 굳건한 뿌리를 내린 자본주의적 세계화 현상을 분석하는 일은 문제의 핵심에 직접적으로 접근할 수 있는 소중한 통로다.

우리 사회에 정의가 살아있을까?

우리 전통 속에서 정의는 올바름이다. 옳고 그름을 판단하는 일이 쉽지는 않기 때문에 그 기준을 명료하게 하고자 늘 노력해야 하지만, 확실한 사실은 정의가 그 올바름에 대한 지향을 포기하지 않고자 하는 우리 마음속에 존재한다는 점이다. 불교윤리와 관련된 논의에서 쉽게 범하는 오류는 선악을 판단하는 일 자체에 대한 경계를 너무 쉽고 편리하게 끌어들이는 데서 생긴다. 세상에 존재하는 이분법적 판단 기준과 분위기는 당연히 경계의 대상이지만, 우리가 몸을 가지고 살아갈 수밖에 없는 현실 속에서 그런 기준들을 찾는 일의 중요성은 쉽게 평가절하할 수 없다. 선불교가 지니게 된 성급한 계율 경시 풍조와 깊은 연관성을 지니는 이러한 사회정의 경시 풍조는 우리 불교계가 넘어서야만 하는 심각하고 근원적인 문제에 속한다.

현대 시민사회에서 정의에 관한 논의는 주로 플라톤의 『국가』와 미국 윤리학자 존 롤스의 『정의론』에 기반을 두고 이루어지고 있다. 우리에게 친숙한 마이클 샌델의 『정의란 무엇인가』 또한 이런 전형적인 논의에 속한다. 이미 시민사회로 진입한 21세기 한국 사회의 정의 논의 역시 이런 흐름을 무시할 수 없고, 그 중에서도 더 뿌리를 이루는 플라톤의 대화편 『국가』의 논의를 출발점으로 삼아볼 수 있다. 특히 이 고전의 1권에서 트라시마코스라는 청년과 소크라테스가 나누는 대화에 포함되어 있는 정의를 바라보는 대표적인 두 관점을 오늘 우리의 상황에 맞게 재구성하는 노력을 통해 많은 도움을 받을 수 있다.

> 들으십시오. 저로서는 올바른 것(to dikaion)이란 더 강한 자의 편익 이외에 다른 것이 아니라고 주장합니다. 그런데 왜 선생께서는 칭찬을 해주시지 않죠? 그러고 싶지 않은 게로군요. **『국가』 1권**[12]

소크라테스의 대화상대자 중 하나인 트라시마코스의 항변

이다. 올바름, 곧 정의를 일차적으로 내 혼 또는 정신의 건강, 좋은 상태와 연결 짓고자 하는 소크라테스는 트라시마코스에게 정의가 무엇이라고 생각하는지를 묻는다. 그는 정의란 강한 자의 이익이라고 말하면서, 세상은 강한 자들이 지켜나가는 것 아니냐고 되묻는다. 강한 자가 세상을 움직이고 있다는 트라시마코스의 생각은 오늘 우리에게도 일정한 정당성을 갖는다. 특히 우리 사회는 삼성과 같은 세계적인 기업이 경제를 이끌고 있는 것처럼 보이고, 경제 성장의 과정에서는 박정희로 상징되는 절대 권력이 중심이 되는 역사를 지니고 있기 때문에 그렇다고 말할 수 있는 현실적인 근거가 아주 없지는 않다. 그런 생각에 '일류대학'으로 상징되는 관료와 언론인 등의 엘리트층이 편승하면서 자신들은 시민들과는 다르다는 선민의식을 갖고 아무렇지도 않게 노골적인 상징폭력을 가하는 있다는 사실을, 우리는 어느 고위관료의 '민중은 개, 돼지'라는 발언을 통해 확인하고서 새삼스럽게 놀란 표정을 지었는지 모른다.

12 플라톤, 박종현 역주(2017), 『국가[정체]-개정증보판』, 서광사, 82쪽.

> 철학자들이 나라들의 군왕으로 다스리거나, 아니면 현재 이러한 군왕 또는 최고의 권력자들로 불리는 이들이 '진실로 그리고 충분히 철학을 하게' 되지 않는 한, 다시 말하면 정치권력과 철학이 한데 합쳐지지 않는 한, 아니면 다양한 성향들이 지금처럼 둘 중의 어느 하나로 따로따로 향해가는 상태가 강제적으로나마 저지되지 않는 한 인류에게 있어서 '나쁜 것들의 종식'은 없다네. 5권[13]

소크라테스는 정의를 정신의 올바름에서 시작해서 폴리스로 상징되는 공동체의 건강성으로 연결시키고 싶어 하고, 이런 정의는 개인의 몸이 여러 신체기관의 조화로운 움직임을 통해 보장되는 것처럼 각 계층에 맞는 덕목을 갖추면 확보될 수 있다고 보았다. 이런 소크라테스의 생각은 그 대화를 기록한 플라톤의 주장과 잘 구분되지 않으면서 서양 정의론의 골격을 이루게 되었다. 신분제가 확고했던 고대 그리스를 배경

13 플라톤, 앞의 책, 365쪽.

으로 하는 이러한 정의론은 당연히 비판적 검토와 재구성의 대상이지만, 정의를 각 개인의 정신적 건강성에서 찾으면서 그것을 공동체로 확산시키는 그들의 논의 과정은 여전히 의미 있는 시도로 받아들일만하다.

고대 그리스의 민주주의는 플라톤으로 하여금 철학자인 왕, 철인왕의 필요성을 강하게 주장하게 할 만큼 불완전한 것이었다. 그에 비해 현대 민주주의에 기반한 시민사회는 모든 시민을 동등한 위상과 자격, 권리, 의무를 지니는 주체로 상정하는 사회다. 그렇게 보면 시민사회는 고대 그리스는 전혀 구현하지 못했던 온전한 민주주의 사회이고, 더 나아가 이 사회를 움직이는 엘리트란 개념 자체가 임시적으로 주어지는 역할에 한정된다. 다시 말해서 대통령을 포함하는 이 사회의 엘리트들은 시민들의 투표를 존재 근거로 삼아 잠시 그 자리를 지키는 또 다른 시민일 뿐이다. 그런 점에서 시민윤리의 핵심은 이러한 평등한 시민의식의 자각을 바탕으로 삼아 각자에게 주어지는 임시적인 역할을 충실히 수행하고자 하는 역할도덕성이라고 할 만하다. 엘리트들이 이런 의식을 갖고 있지 못하다면 그들은 건강하지 못한 것이고, 이 불건강성은 곧바로 우리 사회의 건강하지 못함으로 이어지면서 현재와 같은 고통을 양산해내는 원천이 된다.

피에르 부르디외의 자기고백처럼, 이 글을 쓰고 있는 나 자신도 엘리트 의식으로부터 자유롭지 못함을 고백해야할 것 같다. 물론 나 또한 이른바 '일류대학' 출신이어서 분리되고 고립된 엘리트의식을 강화하면서 청년기를 보냈고 지금도 '대학교수'라는 역할을 맡으면서 살아내고 있기 때문에, 자신이 알게 모르게 엘리트라는 생각을 표출하며 상징폭력을 행사하고 있을 가능성이 있음을 부인할 수 없다. 이런 상황에서 꺼내들 수 있는 노블리스 오블리주, 즉 고귀한 신분에 맞는 높은 도덕성이라는 명제는 사실 반시민사회적인 것일 뿐이다. 시민사회에 고귀한 신분 자체가 있을 수 없기 때문이다.

물론 한 사회가 건강성을 유지하기 위해서는 다른 시민에 비해 더 많은 역할을 해야 하는 사람이 있어야 하고, 그들에 대해서는 일정한 존경과 함께 상응하는 대우를 해줄 필요가 있다. 그리고 다른 사람에 비해 특정 분야에서 더 많은 재능을 가진 사람을 발굴하여 교육시킬 필요도 있다. 그러나 그 모든 노력의 기반은 우리 모두가 동등한 인격과 평등한 권리, 의무를 지니는 시민이라는 생각의 확고한 공유다. 이런 시민의식의 공유를 바탕으로 삼아 각자에게 맡겨진 역할에 충실하고자 노력하면서 자신의 삶과 공동체의 건강성을 회복하고 유지하고자 하는 시민들만이 우리의 희망이다. 그런 점에서 희망은 우리 마음속에서만 뿌리를 내릴 수 있지만, 그 마음이 우리 사회의 마음과 분리되어 있지 않다는 점에서 우리 공동체 구성원들의 사회윤리 의식의 고양 또한 이 절실한 과제이다. 플라톤이 살던 시대나 우리들의 시대나 모든 삶과 변화의 중심은 바로 우리 자신인 것이다.

> 우리가 언제나 그 윗길을 가며 모든 면에서 분별을 갖고 올바름(정의)을 수행할 것이니, 이는 우리가 우리 자신은 물론 신들과도 친구가 될 수 있기 위해서일세.
> 10권[14]

14 플라톤, 앞의 책, 667쪽.

정의(正義)를 어떻게 제도화할 수 있을까?

—촛불혁명의 완수를 위한 롤즈의 『정의론』 읽기

우리 삶은 대체로 정의나 진리 같은 추상적 가치보다는 돈 같은 물질적 가치들에 의해 지배된다. 돈이 없으면 할 수 있는 일이 없을 것처럼 느껴지는 현실 속에서 당연한 일인지 모른다. 그렇기 때문에 오늘 아침도 돈을 벌기 위해 일찍부터 움직이고, 만성적인 피로감을 애써 떨치려 광고에서 본 각성 음료를 독약처럼 입에 털어 넣으며 불편한 마음자락을 추스르곤 한다. 그럼에도 좀처럼 삶이 나아지고 있다는 느낌이 들지 않고 지쳐갈 때, 다소 무리를 해가면서 해외여행을 가거나 여건이 되지 않으면 제주도 같은 국내 여행지로 떠남으로써 위로받고자 한다.

지난 해 말부터 시작되어 대통령 파면과 구속, 조기대선 등으로 이어지고 있는 시국상황은 이런 삶에 청량제 같은 위로를 가져다주고 있다. 돈과 권력이 대학입학을 보장하고 자신의 생각과 다르다는 이유만으로 몇 년씩이나 대학 총장직을 비워두거나 국가가 꼭 해주어야만 하는 일조차 거부하면서 문화예술계를 옥죄던 야만의 사슬을 벗어날 수 있게 되었다는 사실에 우선 가슴을 쓸어내리며 안도하게 된다. 그것도 '법꾸라지'라는 신조어를 만들어내면서 끝까지 버티던 세력들을 시민들의 수많은 촛불로 몰아내는 헌법질서의 회복으로 가능하게 되었다는 점에서 한국 민주주의에 대한 자부심까지 느끼게 된다.

그럼에도 아직 안심이 되지 않는다. 1960년 학생혁명과 1980년 광주민주화 운동, 1987년 6월 시민항쟁이라는 역사의 변곡점마다 그 흐름을 거꾸로 뒤집으려는 박정희와 전두환, 노태우로 상징되는 반동적 움직임이 있었기 때문이리라. 지금이야 사람들의 조롱거리 정도밖에 되지 않지만, 여전히 태극기와 성조기를 함께 흔들면서 여왕마마를 외치거나 세월호도 남한의 용공세력과 북한의 합작품이라는 말 같지도 않은 말을 내뱉는 자들이, '교수'나 '변호사' 같은 호칭까지 두르고 호시탐탐 기회를 보고 있다. 거기에는 당연히 말을 삼가며 현재의 기득권 한 자락도 내놓을 수 없다고 버티는 이 땅의 상당수 엘리트층이 포함된다.

다시 묻는다. 이 땅에 정의(正義)가 살아있을까?

오늘날 정의는 주로 영어 저스티스(justice)의 번역어로 받아들여지는 경향이 있지만, 정의(正義)는 말 그대로 바르고 옳은 것이다. 바른 것이 곧 옳은 것이기도 하다는 우리의 언어관행으로 보면, 동어반복의 오류를 범하면서까지 그 올바름을 강조하고 있다는 평가가 가능하다. 맹자가 정치〔政〕는 다른 것이 아닌 바른 것〔正〕이라고 말했던 것이나 플라톤이 자신의 스승 소크라테스의 입을 빌어 정의는 올바름이라고 말했던 것에서 확인할 수 있는 것처럼, 인류 역사에서 정의만큼 우리의 마음을 사로잡은 가치어(價値語)는 많지 않다.

그런데 정의는 다른 한편 그 논의의 출발점부터 그와 상반된 해석이나 수용을 동반했다. 맹자의 정의에 기반한 왕도정치에 대응하는 패도정치가 그렇고, 정의가 무엇이라고 생각하느냐는 소크라테스의 물음에 망설이지 않고 '강자의 이익'이라고 답하는 트라시마코스의 생각이 그렇다. 지금 우리들은 그것을 자신들도 광주민주화운동의 피해자라고 억지 부리는 전두환·이순자 부부의 후안무치함과 그에 동조하는 일정한 세력을 통해 충분한 정도 이상으로 목격하고 있는 중이다. 그것의 질긴 명줄은 아직 어린 국정농단 주범의 딸이 '부모의 돈과 권력도 정의'라고, 아무렇지도 않게 말하게 하는 데까지 이어지고 있다.

이런 상황 속에서 우리는 다시 묻게 된다. 이 땅에서 정의는 과연 무엇이고, 그것이 살아있기는 한 것일까? 우리 현대사의 시작을 어떻게 볼 것인지에 대해서는 역사학자들의 논의가 더 필요하지만, 1945년 광복이나 1960년대 공업화를 기점으로 잡는 견해가 일반적이다. 실질적으로는 후자가 더 적절해보이지만, 상징적으로는 전자가 지니는 의미가 더 크다. 일제 강점기로 인한 근대화 과정의 지체와 왜곡을 떨쳐버릴 수 있는 외적 상황을 맞게 되었기 때문이다.

그러나 불행히도 광복을 우리만의 힘으로 맞지 못했고, 미군과 소련군으로 상징되는 점령군의 압박 속에서 남북분단과 각각의 정부수립이라는 불완전한 체제로 전개되었을 뿐만 아니라 1950년에는 극한적인 대립인 '한국전쟁'을 맞게 됨으로써 파국적 상황으로 내몰리게 된다. 그 후 남북은 경쟁적으로 국민동원체제를 통한 일정한 성장을 이루었고, 각각 미국의 지원과 간섭, 탈피 노력, 중국과 소련의 갈등으로 인한 주체의 강조와 세습 독재체제의 지속 등으로 갈리면서 21세기를 맞이했다.

격동의 역사 속에서도 우리는 동학농민항쟁과 3·1운동으로 뿌리가 닿아 있는 정의 구현의 역사를 함께 써왔고, 그것이 4·19 학생혁명과 5·18 광주민주화 운동, 6월 시민항쟁, 그리고 현재의 촛불시민혁명으로 이어지면서 정의의 불씨를 꺼뜨리지 않는 위대하면서도 숭고한 역사를 보존해내고 있다. 이 땅에 정의는 분명 살아있음이 다시 확인된 셈이다.

정의를 어떻게 유지해야할까?

> "사상체계의 제1 덕목을 진리라고 한다면, 정의는 사회 제도의 제1 덕목이다. 이론이 아무리 정치(精緻)하고 간명하다 할지라도 진리가 아니라면 배척되거나 수정되어야 하듯이, 법이나 제도가 아무리 효율적이고 정연한 것일지라도 그것이 정당하지 못하면 개혁되

거나 폐기되어야 한다. 모든 사람은 전체 사회의 복지라는 명목으로도 유린될 수 없는 정의에 입각한 불가침성을 갖는다. …… 인간 생활의 제1 덕목으로써 진리와 정의는 지극히 준엄한 것이다."[15]

우리가 힘들게 완성해가고 있는 시민사회의 정의를 말하면서 빼놓을 수 없는 정치철학자이자 사회윤리학자가 있다. 그는 바로 1971년 『정의론*A Theory of Justice*』이라는 책으로 미국 사회의 불평등과 부정의 구조에 정면으로 도전한 존 롤즈(John Rawls)이다. 20년 동안 9편의 논문밖에 쓰지 않았다는 그는 그렇게 어렵게 쓴 논문들을 관통할 수 있는 단행본을 묶고자 했고, 그것이 미국은 물론 전 세계의 이목을 집중시키는 세기의 철학책이 되리라고는 아마 스스로도 예측하지 못했을 것이다.

우리의 경우에는 1977년 첫 번역서가 나왔지만 학계의 범위를 쉽게 넘어서지 못하고 있었다. 그러다가 사회 불평등이 급격히 심화되는 이명박 정권에서 그에 대한 비판자 중 하나

15 존 롤즈, 황경식 옮김(1985), 『사회정의론』, 서광사, 25-26쪽.

로 꼽히는 마이클 센델(M. Sandel)의 『정의란 무엇인가』가 베스트셀러로 부각되면서, 잠시 관심을 모으기도 했지만 현재는 다시 별다른 주목을 받지 못하고 있다. 번역서 기준으로 600쪽이 넘는 분량과 공리주의와 직관주의 같은 윤리학 논의는 물론 정치경제학까지 넘나드는 그의 폭과 깊이를 쫒아가기가 쉽지 않기 때문일 것이다. 그러면서도 고등학교 '윤리와 사상' 교과서에서 다루어지면서 그의 이름과 함께 정의의 원칙을 기계적으로 암기하고 있는 사람들이 꽤 있다는 사실은 우리 교육의 비극적인 현실이자 사회의 민낯일 것이다.

> "이제 원초적 입장에서 채택되리라고 생각되는 정의의 두 원칙을 잠정적인 형식으로 진술하고자 한다.
>
> ……
>
> 첫째, 모든 사람은 다른 사람들의 유사한 자유와 양립할 수 있는 가장 광범위한 기본적 자유에 대해서 동등한 권리를 가져야 한다.
>
> 둘째, 사회적·경제적 불평등은 다음 두 조건을 만족시킬 수 있도록 조정되어야 한다.

> 우선 그 불평등이 모든 사람에게 이익이 되리라는 사실을 합당하게 예측할 수 있어야 하고, 다음으로 그 불평등이 개방된 직위와 직책과 결부된 공정한 기회에 개방되어야 한다."[16]

사회를 자유로운 시민들이 계약을 맺어 만든 것으로 보자는 계약론적 전통을 존중하는 롤즈는 지금 이 순간 우리가 계약을 맺고자 하는 상황을 전제로 사고실험을 한다. 제대로 된 사회를 만들 수 있으려면 각자가 처한 상황에 대해 모르는 것이 좋다고 생각해서 그는, '무지의 장막(베일)'에 둘러싸인 계약당사자들의 원초적 상황을 가정한다. 그 가정 위에서 이끌어낼 수 있는 정의의 두 원칙이 바로 기본적 자유 영역에서의 평등 원칙과 최소 수혜자가 최대의 혜택을 누릴 수 있다는 조건 속에만 정당화되는 차등의 원칙이다. 이러한 롤즈의 원칙은 자유주의를 근간으로 하면서도, 공공의 영역에 대한 정당한 관심과 빈부격차의 제도적 해소 같은 방안까지 포함하는 공화주의의 요소를 지니고 있다는 평가가 가능하다.

16 존 롤즈, 앞의 책, 81-82쪽.

첫 번째 원칙에는 '다른 사람의 유사한 자유와 양립할 수 있어야 한다.'는 로크적 단서, 즉 개인이 누릴 수 있는 자유의 범위가 타인의 비슷한 자유를 침해하지 않는 선까지만 존중받을 수 있다는 자유주의의 기본 전제가 담겨 있다. 두 번째 원칙에는 공공영역과 사회적 약자와 소수자를 보호할 수 있는 제도를 마련해야 한다는 헌법적 요구가 담겨 있는 것으로 해석할 수 있고, 실제로 우리나라에서도 어느 정도 구현되어 있는 원칙이기도 하다.

> "나는 앞선 논의에서 질서정연한 사회(well-orded society)란 그 구성원의 선(good)을 증진시키기 위해 세워지고 공공적인 정의관에 의해 규제되는 사회라고 규정했다. 그래서 그 사회는 모든 사람들이 타인들도 동일한 정의의 원칙을 받아들이리라는 것을 알고 있는 사회요, 사회의 기본적인 제도들이 그러한 원칙들을 만족시키고 있을 뿐만 아니라 만족시킨다는 것이 알려진 사회다. …… 제도들이 정의로울 경우, 그 체제에 속해 있는 사람들은 그에 상응하는 정의관과 그 체제를 유지하기 위해 자신의 본분을 다하려는 욕구를 갖게 된다."[17]

정의의 제도화라는 사회윤리적 과제

늦가을에서 시작해서 다음 해 봄까지 한 주도 빠짐없이 진행된 촛불집회는 우리들로 하여금 주권자라는 의식을 일깨워주었고, 그것을 온가족이 함께 참여하는 평화로운 문화축제이자 정치마당으로 만들어감으로써 정치와 삶의 거리를 획기적으로 좁힐 수 있는 기회를 제공하기도 했다. 그 결과물은 일차적으로 대통령 탄핵 인용과 파면, 구속이지만, 다른 한편 처절하게 공유해야만 했던 압축성장의 고통과 그 과정을 성공적으로 통과해낸 엘리트들의 허망한 화려함을 확인하는 근원적인 성과를 거두기도 했다. 이 성과는 우리 모두의 상식적인 정의관, 즉 '정말 저것은 아니다.'라는 정언적 판단에서 비롯된 실천의 결과물이다.

남은 과제는 그 실천의 지속을 보장받을 수 있는 제도의 마련이고, 그것이 가능하기 위해서는 먼저 현 제도와 관행에 대한 철저한 반성과 혁파가 이루어져야 한다. 우선 모든 법을 본래 목적에 맞게 간단하게 정비하면서 불필요거나 충돌하

17 존 롤즈, 앞의 책, 463-464쪽.

는 법은 과감히 없애야 한다. 그런 후에 법을 어기는 사람들에게는 그에 상응하는 책임을 철저하게 묻는 제도와 문화가 사회 구석구석 자리 잡아야 한다. 모든 방향은 당연히 정의와 평화의 원칙에 맞춰져야 하지만, 이와 동시에 확실히 해내야 하는 과제는 윤리를 중심에 두고 살고자 하는 사람을 높이 평가하는 윤리문화의 시급한 정착이다. '윤리 귀환 시대의 요청'이라는 절박한 요구를 제대로 인식하고 실천할 수 있는 지도자를 선출하고, 제도 확립을 통해 이를 뒷받침하는 민주공화주의라는 헌법적 가치의 실현은 깨인 시민들의 정의감에 기반한 실천을 통해서만 비로소 가능할 뿐이다. 그것은 윤리적으로 살아도 최소한 손해는 보지 않을 것 같다는 느낌을 줄 수 있는 도덕공동체 확립이라는 사회윤리적 과제와 통하는 것이기도 하다.

동정심은 우리를 위기에서 구할 수 있을까

–핵 위기 시대에 밀의 『공리주의』 읽기

시절이 수상하다는 느낌은 어느 시대 어느 곳에서나 다가설 수 있는 감정이다. 병자호란이 끝나고 청나라로 끌려가던 한 선비가 남긴 '시절이 하 수상하니 올동말동 하여라.'라는 시조 마지막 연은 '가노라 삼각산아, 다시 보자 한강수야'라는 첫 연과 어우러져 전란을 온몸으로 겪어낸 당대 지식인의 소회에 충분한 공감을 불러일으킨다.

북한 핵개발과 미국과 중국, 러시아로 대표되는 주변 핵강국들 사이의 충돌 가능성과 핵발전소 건설을 둘러싼 우리 내부의 갈등, 자기 주도 학습이 가능해지고 있다는 '알파고'로 상징되는 인공지능의 급속한 일상 침투 등으로 인해 우리 삶은 갈수록 피폐해지고 있다는 느낌을 받을 때가 많다. 주머니에 들어있는 최신형 휴대전화와 손목에 차고 있는 스마트 워치가 연결되어 쏟아지는 소식과 정보들이 언제부턴가 평온한 일상을 뒤흔드는 방해물이 되고 있다고 느끼면서도, 잠시 멀리해 놓으면 알 수 없는 불안감이 엄습해오는 가볍고 비루한 시간들이 방향 없이 흐르고 있는지 모른다.

이런 일상 속에서는 그 어떤 것도 절박함과 지속성을 지니지 못한다. 누군가를 향하는 열망과 사랑이 그러하고, 구체적인 전쟁의 위협 또한 실감나게 다가오지 않는다. 그러다보니 외국 친구들이 보내는 걱정 어린 시선이 낯설기조차 하다. 메일이나 사회연결망서비스(SNS)를 통해 괜찮은 거냐고 물어오는 그 친구들에게 서울은 아무렇지도 않다고 말하고 있는 자신이 문득 낯설어질 때가 있다. 그렇다고 우리가 전쟁을 원하는 것은 결코 아니다. 오히려 이 땅에 전쟁이 없는 것 말고는 다른 것은 생각할 수 없다는 소설가 한강의 외침에 전적으로 동의한다. 전쟁은 우리에게 파멸이자 파국일 뿐만 아니라, 우리 아이들의 미래까지 잿빛으로 물들이는 잔인한 일이기 때문이다. 그럼 어떤 대안이 남아 있을까?

이기심과 탐욕

인간은 이기적인 존재다. 이 명제는 특별한 검증을 필요로 하지 않는다. 나 자신의 일상 속에서 쉽게 확인할 수 있는 진리이기 때문이다. 그 이기심은 주로 편안함과 쾌락의 양과 질을 늘리고, 가능하면 고통은 피하고자 하는 본능적 행동으로 나타난다. 서양 근대윤리학의 두 주류 중 하나인 공리주의를 세우는데 결정적인 역할을 한 벤담(J. Bentham)이 인간을 지배하는 두 주인을 쾌락과 고통으로 설정했던 것도 같은 이유에서다.

그런데 문제는 그런 이기심에 기반한 탐욕이 늘 어떤 장벽과 마주하게 되는 데서 생긴다. 우선 쾌락 자체가 충족될수록 둔감해지는 특성을 가진 데서 오는 '쾌락의 역설'이라는 장벽과 마주하고, 동시에 다른 사람의 그것과 충돌할 때는 어떻게 할 것인가 하는 문제와도 마주하게 된다. 자유주의 정치철학자 로크(J. Locke)는 후자를 내 자유가 다른 사람의 자유를 침해할 수 있는 가능성이 생기는 순간부터는 더 이상 자유가 아니라는 단서를 통해 표현하기도 했다.

이러한 장벽 또는 한계에 대한 적절한 인식과 대응 없이 이기심만 추구하는 행위는 지속될 수 없을 뿐만 아니라, 그 자체로 자멸의 길로 접어드는 결과를 가져올 수 있다. 이 한계 지점에서 벤담의 공리주의를 받아들이면서도 보다 나은 대안을 찾고자 했던 대표적인 공리주의자 밀(J. S. Mill)은 다음과 같은 탈출구를 제안한다.

> "어떤 사람이 외적인 조건은 상당히 괜찮은데도 자신의 삶을 충분히 즐기지 못하고 그로 인해 삶 자체가 그다지 풍요롭지 않다면, 그것은 대체로 그 사람이 자기만 알지 다른 사람을 아끼고 배려하는 마음이 부족하기 때문이다. 사적이든 공적이든 애정을 쏟을 일이 없는 사람 입장에서는 삶을 흥분시킬 만한 것이 훨씬 적다. 그리고 일체의 이기적 욕심에 종지부를 찍고야 마는 죽음의 순간이 다가오면서 그마나 있던 흥분 상태의 가치도 줄어들 수밖에 없다. …… 그런 점에서 우리 삶을 불만족스럽게 만드는 첫 번째 원인은 이기심이고, 그 다음이 정신 교양의 부족이다."[18]

18 존 스튜어트 밀, 서병훈 옮김(2017), 『공리주의』, 책세상, 36쪽.

밀의 표현처럼 자신을 포함하는 우리 주변에 이기심으로만 살아가는 듯한 느낌을 주는 사람들이 분명히 있지만, 그런 사람들은 외적인 조건 여부와 관계없이 자신의 삶을 제대로 살아내고 있다는 평가를 받지 못하는 경우가 대부분이다. 대체로는 왕따를 당하거나 고립된 채로 어렵게 살다가 견디지 못하고 다시 어울림의 장으로 나오려고 한다.

생명체로서의 인간이 자신의 생명을 유지하기 위해 필요한 것들을 갖고자 하는 욕구는 당연한 것이다. 식욕과 성욕, 수면욕으로 대표되는 인간의 본능적 욕망은 생명유지를 위한 자연스런 본능이고, 따라서 우리는 그런 욕망의 소리에 적절히 귀 기울일 수 있어야만 생존할 수 있다. 문제는 그 적절함의 수준과 정도에서 생긴다. 다음에 언제 먹을 수 있을지 장담할 수 없었던 원시시대에는 먹는 것만 보이면 가능한 최대로 섭취해두어야만 했다. 그렇게 훈련된 우리 몸은 언제든 먹을 것을 취할 수 있는 현대사회에서도 늘 필요 이상의 식욕, 즉 탐욕을 부리게 만들고 있다. 그것은 지구촌 곳곳에서 굶주리는 사람들에 대한 최소한의 관심마저도 갖지 못하게 만드는 요인으로 작동하고 있기도 하다.

다른 사람에 대한 관심과 정의(正義)

사람은 누구나 행복해지기를 바란다. 그 행복에 관한 정의는 다양하지만, 공리주의자들은 행복을 '고통을 피하고 쾌락을 추구하는 것'이라고 정의한다. 그 쾌락에 질적인 차이가 없다는 벤담의 견해와 달리, 밀은 질적인 차이뿐만 아니라 이기적 수준을 넘어설 수 있는 공적인 것에 대한 관심이 포함될 수 있다고 강조한다. 물론 벤담의 경우에도 최대행복의 원리를 통해 사회 전체의 행복 총량에 대한 관심을 보여 주었지만, 밀은 거기서 한발 더 나아가 다음과 같이 자기헌신의 도덕성에 대한 논의까지 전개한다.

> "스토아학파나 초월론자 못지않게 공리주의자들도 자기헌신(self devotion)의 도덕성을 주장할 자격이 있음을 알아야 한다. 공리주의 도덕률에서는 인간이 다른 사람을 위해 자신에게 가장 소중한 것마저도 희생할 수 있음을 인정한다. 다만 그런 희생이 그 자체로 의미가 있는 것이라고는 생각하지 않는다. 행복의 총량을 증대시키지 않거나 증대할 가능성이 없는 희생은 한마디로 낭비에 지나지 않는다고 보기 때문이다. 공리주의

> 는 다른 사람들, 즉 집단적 의미로서의 인류 또는 인류의 집단적 이해관계에 의해 설정되는 한계 속의 개인의 행복 또는 그 행복에 이르게 해주는 수단을 위해 헌신하는 자기 부정만을 찬양하는 것이다."[19]

이기적인 속성을 지닌 인간에게서 어떻게 다른 사람에 대한 관심과 함께 인류의 행복을 위한 자기헌신까지 가능한 것일까? 이 물음에 대해서 밀은 인간에게 주어져 있는 또 다른 본성으로서의 동정심과 함께 자신의 행복과 다른 사람의 행복, 더 나아가 인류의 행복이 서로 밀접하게 연결되어 있음을 깨닫게 하는 습관과 교육의 필요성으로 답하고자 한다.

> "어느 누구든 공공의 이익과 배치되는 행동을 통해서는 지속적으로 행복을 느낄 수 없다는 것을 알게 되는 **습관과 교육**을 통해, 공공의 이익을 증진하고자 하는 직접적인 충동이 각 개인의 습관적인 행동의 하나가 된다. 또한 이런 과정에서 생기는 감정이 모든 사

19 밀, 앞의 책, 41쪽.

람의 일상 속에서 크고 중요한 비중을 차지하게 된다."[20]

인류가 이 지구상에서 긴 시간을 함께하면서 경험을 통해 행동의 경향을 배워왔고, 이런 경험이 우리 삶의 모든 도덕률은 물론 사려깊은 지혜의 기반을 이루고 있다고 평가하는 밀에게 다른 사람에 대한 관심과 배려는 인간에게 주어져 있는 또 하나의 본성으로서의 동정심과 오래 함께 생활하며 강화해온 경험적 지혜의 산물이다. 그것은 교육과 제도의 뒷받침을 통해 굳건한 자리를 잡을 수 있고, 따라서 우리는 그런 습관을 가능하게 하는 교육과 사회제도를 마련하기 위해 힘써야만 한다는 것이다.

사회정의 또한 같은 맥락에서 접근이 가능하다. '철학이 시작된 이래로 효용이나 행복이 옳고 그름의 판단 기준이 된다는 생각에 가장 크게 이의를 제기해온 것이 바로 정의에 관한 생각들'이라고 전제하면서, 밀은 우리의 일상적 정의감을 구성하는 두 가지 필수요소로 해를 끼친 사람에게 응분의 대가

20 밀, 앞의 책, 42쪽.

를 돌려주어야 한다는 감정과 그런 사람들로 인해 피해를 입는 개인이나 집단이 있다는 생각을 꼽는다. 그런 점에서 정의라는 말은 구체적인 행동규칙과 함께 그 규칙에 강제력을 불어넣어주는 감정을 포함하게 된다는 것이다.

어떻게 해야 이 위기를 넘어설 수 있을까

인간의 본성 속에 이기심과 다른 사람에 대한 동정심이 함께 담겨있다고 보는 밀은 더 나아가 자신의 진정한 이익을 제대로 계산할 수 있는 능력을 키워나감으로써 자신의 이익이 공공의 이익과 연결되어 있음을 알 수 있게 된다고 강조한다. 특히 교육과 제도를 통해 그런 능력과 마음을 키워나가는 노력이 필수적이라고 말했고, 그의 생각들은 시민사회의 모든 구성원들이 교육받아야만 한다는 시민교육의 의무와 권리로 이어져 오늘에 이르고 있다. 이런 밀의 공리주의를 바탕으로 삼아 우리가 처한 위기를 넘어설 수 있는 지혜를 찾을 수 있을까?

우리가 지금 맞고 있는 위기는 다양하고 다층적일 뿐만 아니라 모두 절박한 것들이지만, 그 중에서도 21세기 한반도를 중심으로 살아가고 있는 우리에게 가장 절박한 것으로 다가오고 있는 것은 핵으로 인한 위기이다. 그 위기는 다시 핵무기를 둘러싼 위기와 핵발전소를 둘러싼 위기로 나뉘어 일상을 억누르고 있다. 우리는 이 난관 속에서 어떤 해결책을 찾아가야할 지를 놓고 집단적인 방황 또는 위험한 무관심의 상태를 지속하고 있는 것처럼 느껴지기도 한다.

어떻게 해서든 한반도에 전쟁이 없게 해야 한다는 당위적 명제에 대해서조차 의견이 엇갈리는 듯한 모습이 보이고, 후쿠시마 원전 사고를 겪었고 이미 이 땅에서도 지진이 상시 일어나는 데도 짓기 시작한 원전을 포기할 수 없다는 집단적 결정이 내려지고 있기도 하다. 각자의 입장과 이해관계에 따라 다른 결정을 내릴 수 있고 이 자유를 최대한 보장해주는 것이 자유주의의 기본 원리이지만, 최소한 두 가지는 서로 합의한 바탕 위에서만 이 자유가 현실화될 수 있다. 하나는 어떤 사안과 관련된 모든 당사자들이 이익이 동등한 고려의 범위 안에 포함되어야 한다는 것이고, 다른 하나는 이기심과 함께 인간의 본성 속에 포함되어 있는 공감과 동정심의 요소에 대해서도 충분히 고려하면서 판단과 실천이 이루어져야 한다는 것이다.

결정과정에 제대로 참여하지 못하고 있는 우리 아이들과

미래에 태어날 세대의 이익까지 고려하는 결정들만이 온전한 것일 수 있다. 그들을 위해서라도 한반도에서 절대 핵전쟁이 있어서는 안 되고, '조금 싼 전기'라는 알뜰한 유혹에 넘어가 원전 건설을 지지하는 결정을 내려서는 안 된다. 그것은 우리의 이기심에 근거한 적절한 이익 계산과 다른 사람의 행복에 대해 관심을 갖는 동정심의 발휘 측면 모두에서 자연스레 이끌어낼 수 있는 결론이다. 그렇게 보면 현재의 위기를 극복하고 새롭게 기대할 수 있는 미래는 자신의 진정한 이익에 대한 숙고와 다른 사람을 포함한 모든 타자에 대한 동정의 시선과 손길에 달려 있는 셈이다.

우리는 어떤 정치를 꿈꿀 수 있을까
– '촛불혁명'의 눈으로 다산의 『목민심서』 읽기

정치가 무엇일까? '정치'라는 말을 들으면 먼저 지금 활동하고 있는 정치가들의 모습이 떠오르고, 우리는 대체로 그들을 향해 긍정적인 시선을 보내지 못한다. 철새처럼 이해관계에 따라 정당을 떠돌거나, 같은 사안을 놓고도 얼굴색 하나 변하지 않고 정반대의 주장을 펼치는 정치인들을 많이 보고 있기 때문일 것이다. 실제로 직업별 신뢰도 조사를 통해서 정치인들에 대한 낮은 신뢰를 쉽게 확인하기도 한다.

그러다보니 정치에 대한 무관심 또는 냉소를 가진 사람들이 많고 그것이 낮은 투표율로 이어지는 경우도 적지 않다. 그런 자세도 나쁘지 않겠다는 생각을 할 수도 있지만, 내가 관심을 갖지 않는다고 해서 그 정치 또는 정치인이 내 삶에 영향을 미치지 않는 것이 아니기 때문에 문제가 생긴다. 우리가 관심을 갖지 않으면 그들은 더 마음대로 할 것이고 그 결과는 우리에게 부정적인 영향으로 다가와 미래를 기약하기가 더 어려워질 가능성이 매우 높다.

정치(政治)를 정의하는 방식이 여럿 있지만, 권력에 따른 신분관계가 존재했던 시기에는 지배와 복종이라는 두 개념이 핵심을 이루었다. 다양한 방식으로 힘을 갖게 된 소수의 사람들이 다수의 사람들을 지배하고, 다수의 사람들은 그 지배에 복종하며 자신의 생계를 이어가는 방식이 정치의 일반적인 모습이었던 것이다. 그때 지배자에게 요구되는 것은 자기절제와 배려였고 복종하는 자들에게는 순종과 섬김의 덕이 요구되었다. 이 덕들이 서로 원활하게 교환될 수 있을 때 그 정치체제는 안정을 유지할 수 있었던 데 비해, 그 중 어느 한 쪽의 덕이 제대로 발휘되지 못할 때 혼란과 변혁의 시기로 접어들곤 했음을 우리는 역사를 통해 확인할 수 있다.

그런데 이런 오랜 정치의 흐름에 혁명적인 변화가 일어난다. 유럽의 시민혁명과 우리의 동학혁명을 통해 정착한 새로운 형태의 정치체제가 그 계기를 마련했고, 21세기 초반 세계는 이 새로운 질서를 근간으로 삼아 움직이고 있다. 지배와 순종 대신 이 모든 사람들이 비지배적 자유, 즉 누구에게도 지배받지 않을 자유를 누리면서 정치에 참여하고 바쁜 우리를 대신에 정치에 전념해줄 사람을 뽑을 수 있는 권리와 함께 정기적으로 평가하여 바꿀 수 있는 권리를 가질 수 있게 되었다. 북한 같은 예외가 있기는 하지만, 그곳 또한 역사의 흐름으로부터 자유로울 수는 없을 것이다.

다산이 꿈꾸었던 사회

1762년 경기도 광주에서 태어나 28세에 과거에 급제하여 형조참의까지 오르며 승승장구하던 다산 정약용이 신유사옥에 연루되어 귀양살이를 시작한 것은 40세 되던 해였다. 그때는 이미 18세기에서 19세기로 넘어서던 시기였고, 쉽게 끝날 줄 알았던 귀양이 18년이나 이어지다가 결국 정계로 복귀하지 못한 채 그는 숨을 거두어야 했다. 세계사적으로는 산업혁명이 본격화되면서 식민지를 전제로 하는 식민지 자본주의 체제가 자리잡아 가던 시기였고, 그 흐름이 일본을 시작으로 조선과 청나라에 강력한 영향력을 미치기 시작하던 때이기도 했다.

이러한 세계사적 흐름을 주도한 것은 주로 유럽사회에서 장사를 통해 돈을 번 부르주아들이었고, 그들은 내부적으로는 지배층인 귀족과 맞서거나 때로 타협하면서 자신이 모은 돈에 대한 소유권 보장과 정치적 자유를 주장하는 새로운 사회, 즉 시민사회(부르주아 사회)를 정착시키고자 했다. 바로 그 사회가 우리에게도 19세기 말 고종의 입헌민주주의 국가인 대한제국을 통해 도입되는 근대 시민사회이다. 다산은 이러한 격동기가 시작되기 직전의 폭풍 전야 같던 시기를 주로 한반도 남쪽 강진 같은 유배지에서 보내며 염려와 우려의 눈으로 지켜보아야만 했던 불운의 선각자였다.

다산은 조선 후기를 상징하는 선비 중 하나이다. 그 중에서도 집안 배경을 통해 자주적으로 도입한 서학, 즉 그리스도교 중심의 서구학문에 비교적 능통한 선비였고 그 공부를 통해 자신이 몸담고 있는 조선사회의 치명적인 문제들을 열린 시각으로 볼 수 있었던 위치에 있기도 했다.

"백성을 부양하는 일을 가리켜 목(牧)이라 한 것은 성현들이 남긴 뜻이다. 성현의 가르침에는 원래 두 가지

> 길이 있다. 사도(司徒)는 만백성을 가르쳐 수신(修身)하게 하고, 태학(太學)에서는 왕족 및 공경대부의 자제들을 가르쳐 각기 수신하고 백성을 다스리게 했으니, 바로 그 백성을 다스리는 일이 목민이다. 그러므로 군자의 학문은 수신이 반이고, 나머지 반은 목민이다." **『목민심서』 '자서(自序)'**[21]

다산의 대표적인 저서 중 하나로 꼽히는 『목민심서』의 이 서문에서 우리는 그가 꿈꾸던 세상과 정치의 미래를 충분히 짐작해볼 수 있다. 그는 군자와 백성을 구분하면서, 태학에서 큰 공부를 하여 스스로의 몸과 마음을 다스릴 수 있게 된 사람인 군자(君子)가 다스리는 사회와 나라를 꿈꾸었던 것이다. 이러한 이상사회는 공자와 맹자로 상징되는 성현(聖賢)들로부터 시작해서, 주희와 퇴계, 남명, 율곡 등 성리학자들이 이어받고자 했던 수기안인(修己安人) 또는 수기치인(修己治人)의 정치가 이상적으로 구현된 사회다. 바로 이 지점에서 다산의 실천적 위대함과 한계가 동시에 부각될 수밖에 없다.

21 다산 정약용, 다산연구회 편역(2017), 『정선 목민심서』, 창비, 15쪽.

우리의 시대는 왕족 및 공경대부로 상징되는 지배층이 따로 존재할 수 없을 뿐만 아니라, 존재해서도 안 되는 시민의 시대다. 따라서 지배와 순종이라는 기존의 덕목 교환 또한 더 이상 정당화될 수 없는 신민(臣民)의 유물일 뿐이다. 그런데 불행히도 우리는 그 유물을 박물관에 제대로 전시하지 못하고, 일제 강점기의 일왕(日王)과 조선 이씨왕족의 후예를 자처했던 이승만, 일제 강점기 교육의 충실한 계승자인 박정희로 상징되는 신민문화(臣民文化)를 부분적으로 간직한 채 21세기를 맞아야만 했다. 그것이 촛불혁명을 통해 끌어내린 박근혜를 '공주마마'라고 칭하며 울부짖는 일부 사람들의 시대착오적인 마음속에 아직까지도 살아있음을 우리는 황망한 마음으로 지켜보아야만 했다.

그럼 우리는 어떤 정치를 꿈꾸어야 할까?

모든 고전들이 그렇지만 다산의 '목민심서' 또한 그 시대적 한계와 역사적 의미를 동시에 갖추고 있어 끊임없는 현재적 해석이 이루어져야만 하는 텍스트(text)일 뿐이다. 그렇지 않고 단지 이 고전에 나와 있다고 해서 무조건적 권위를 부여할 경우, 자칫 지배와 복종의 관계를 이 시점에서 재현해야 한다는 어이없는 주장을 자신도 모르게 펼치게 될 위험이 있는 것이다.

> "백성을 사랑하는 근본은 아껴 쓰는 데 있고, 아껴 쓰는 것의 근본은 검소함에 있다. 검소해야 청렴할 수 있고 청렴해야 자애로울 수 있으니, 검소함이야말로 목민(牧民)하는 데 있어서 가장 먼저 힘써야 할 일이다. 어리석은 자는 배우지 못하고 무식해서, 산뜻한 옷에 좋은 갓을 쓰고 좋은 안장에 날랜 말을 타는 것으로 위풍을 떨치려고 한다."[22]

다산의 이 말은 오늘날 공무원을 비롯한 공적 업무에 종사하고 있는 사람들이 꼭 지켜야만 하는 법적 윤리(legal ethics)가 된 청렴의 윤리를 축약해서 보여주고 있는 명구(名句)라고 할 만하다. 청렴하기 위해서는 먼저 검소해야 하고, 청렴해야만 자신이 본래 해야 할 일에 집중할 수 있다는 다산의 가르

22 다산, 앞의 책, 24쪽.

침은 오늘날 우리 공무원들도 마음에 둘만한 지침을 담고 있기 때문이다. 그러나 이 문단에 있는 그의 말이 모두 현재적으로 정당화될 수 있는 것은 아니다. 우선 백성을 사랑한다는 말과 그 백성들에게 자애로워야 한다는 말, 그리고 이를 포괄하는 목민(牧民)의 개념이 모두 재해석의 대상이 되어야만 한다.

오늘의 공무원은 우리가 선거를 통해 선출한 정치인의 관할 속에서, 우리의 이익과 사회 전반의 안정과 발전을 위해 일해야 한다는 의무를 부여받고 있는 심부름꾼들일 뿐이다. 만약 그렇게 하지 못할 경우 일차적으로 그 정치인들이 주관하는 법적 제재를 받아야 하고, 더 나아가 그 역할을 박탈당하고 감옥에 가기도 해야 하는 존재들인 것이다. 그들에게 요구되는 것은 높은 곳에 서서 백성을 내려다보는 자애로운 목민의 윤리가 아닌, 자신에게 주어진 역할에 충실하고자 하는 역할 도덕성(role morality)일 뿐이다.

고려 중기에 도입된 당대의 선진적인 제도였던 과거제가 고등고시라는 이름으로 여전히 유지되고 있는 우리 사회에서, 그 고시를 통과한 고위관리들 중에서는 시대착오적인 목민관을 갖고 있는 자들이 있다. 얼마 전 우리를 개, 돼지에 비유해서 잘 먹이기만 하면 된다는 식의 발언으로 파면당한 어느 고위관료가 바로 그런 전형적인 예이다. 이들이 다산의 목민심서를 잘못 읽었다가는 자신은 일반 시민들과는 신분적으로 다른 사람이라는 선민의식(選民意識)을 강화하게 될 가능성 또한 배제할 수 없다.

'촛불혁명' 이후의 정치와 시민윤리

2016년 말부터 시작해서 다음 해 봄에 마무리된 우리의 '촛불혁명'은 시민의식과 윤리를 갖추지 못한 채 권력만을 누리고자 했던 한 정치세력을 몰아내고 새로운 가능성을 보여준 세력을 그 자리에 앉히는 성과를 거두었다. 특히 그 많은 사람이 동참한 오랜 투쟁을 비폭력을 전제로 해낸 점과 지역감정과 일부 시민들의 무지에 기대어 시민을 무시하던 세력들에게 경종을 울린 점 등이 주목받을 만한 성과이다. 그럼에도 촛불집회가 혁명으로 온전하게 마무리될 수 있으려면 몇 가지 과제가 더 실현되어야만 한다.

우선 지배와 복종의 관계를 전제로 하는 신민문화를 온전히 극복하고 평등과 자유, 책임의 윤리에 기반을 두는 시민사회의 문화가 제대로 정착될 수 있어야 한다. 그러기 위해서는 자신이 우리 사회의 주인공이라는 시민의식이 보다 확고하게 자리잡을 수 있어야 하고, 그 시민의식 속에 타인의 자유에 대한 동등한 존중을 전제로 하는 자유의식과 권리와 함께 요구되는 책임을 제대로 인수할 수 있는 책임윤리가 포함되어야만 한다. 이렇게 시민이 제자리를 찾아 중심을 잡아줄 때라야 시민사회가 제대로 작동할 수 있다.

우리 사회의 공무원도 당연히 시민이다. 그들은 목민관이 아닌, 공적인 일을 업으로 삼는 시민일 뿐이다. 이런 생각이 전제된 바탕 위에서만 다음과 같은 다산의 윤리가 제대로 호출될 수 있다.

> "천하에 가장 천해서 의지할 데가 없는 것도 백성이요, 천하에 가장 높아서 산과 같은 것도 백성이다. 요순시대 이래로 성현들이 모두 강조한 것이 백성을 보호하는 일이어서, 모든 책에 실려 있고 사람들 또한 익히 알고 있다. 그러므로 높은 자리에 있는 사람이 아무리 힘이 세더라도, 수령이 백성을 머리에 이고 싸우면 대부분 굴복할 것이다. …… 의주 출신인 안명학은 강진현감이 되어 백성을 머리에 이고 싸워서 감사를 굴복시키고, 그것 때문에 명성이 퍼져 벼슬이 높

아졌다. 본래 백성의 이익을 위한 것이지만 결국은 수령에게도 이로운 것이다."[23]

'백성을 머리에 이고 싸운다.'는 다산의 말은 공무원이 시민들이 자신에게 부여한 역할과 임무를 중심에 두고, 정치인이나 자신보다 높은 관리의 부당한 명령에 따르지 않는 것으로 재해석될 수 있다. 그런 공무원이 감당해야 하는 불이익이 없게 하는 것은 시민인 우리들의 역할이고, 제도적으로도 그런 장치들을 마련해 주면서 공무원 사회 내부의 부정의에 눈감지 않는 당당한 시민이자 공무원을 기대해야만 한다. 더 나아가 우리가 선출하는 정치인들이 그런 부당한 간섭을 하지 않을 수 있게 하는, 일상적인 감시와 부당한 청탁이 용납되지 않는 시민문화를 정착해가는 일 또한 촛불 이후의 우리 사회가 추구해야 하는 목표이다. 그런 이상적인 정치는 바로 나 자신이 중심이 되어 서두르지 않으면서도 포기하지도 않는 지속적인 실천에 기반을 두고서만 구현될 수 있다.

23 다산, 앞의 책, 103쪽.

3부 일상을 넘어 다른 존재와 관계 맺기

이 소리 없는 학살을 어떻게 끝낼 수 있을까

– 가축 학살 시대에 싱어의 『동물해방』 읽기

겨울이 되면 어김없이 소리 없는 학살이 무감하게 진행되곤 한다. 고병원성조류독감이라는, 이제는 낯설지도 않은 전염병을 이유로 닭들이 줄줄이 산 채로 묻히더니, 구제역이라는 더 익숙한 가축전염병으로 소들이 산 채로 묻히는 참혹한 상황이 전개될 가능성이 높아지고 있다. 도대체 언제까지 이런 학살이 이어져야 하는 것일까?

몇 년 전에도 이런 일이 있었다. 전국적으로 수많은 가축들이 단지 전염 위험 지역에 있다는 이유만으로 생매장당해야 했고, 그 과정에 참여한 공무원들이 정신과 치료를 받아야

할 정도의 심각한 후유증을 호소하기도 했다. 불교계를 비롯한 종교계에서도 이제 더 이상 반복하지 말아야 한다고 목소리를 높였지만, 그 후 나아진 것은 거의 없다.

불교계가 주최한 관련 토론회가 전북 전주에서 열렸을 때의 일이다. 필자도 토론자로 참여한 그 모임에는 가까운 축산농가 사람들이 몰려와 우리를 죽이자는 거냐고, 생매장하는 일 말고 어떤 대안이 있느냐고 소리를 높였다. 그들에게는 생계가 걸려있는 문제이기 때문에 충분히 이해할 만도 했지만, 그렇다고 이런 일을 그대로 방치할 수는 없는 것 아니냐고 조용히 말할 수밖에 없었다.

어쩌다가 이렇게까지 되었을까

초등학교와 중학교를 농촌에서 다닌 내게는 가축과 관련된 따뜻한 기억들이 있다. 하굣길에 토끼풀을 뜯어와 토끼장에 넣어주면 반가운 표정으로 오물거리던 토끼들과, 아무도 없는 텅 빈 집을 지키다가 멀리서 내 발자국 소리가 들려오면 달려와 반겨주던 개, 엄마 대신 구구거리는 소리를 내며 곡식 찌꺼기를 던져주면 순식간에 몰려들던 닭들이 그런 기억의 주인공들이다.

살쾡이 같은 사나운 짐승이 꽤 있을 때여서 저녁이면 닭이 우리에 다 들어왔는지를 확인하고 문단속을 하는 일도 내 몫이었고, 아침에 도시락 반찬으로 쓰기 위해 계란을 꺼내오라는 엄마 심부름으로 온기가 남아 있는 달걀을 암탉과 실랑이하며 꺼내오는 일도 내가 해야 할 일이었다. 그나마 많지 않은 숫자였기에 철제 도시락 위에 계란말이가 올라가는 날은 먼 길 걸어야만 했던 등굣길 발걸음이 새털구름처럼 가벼워지는 하루가 되곤 했다.

가축이 되어버린 동물과 인간이 특별한 관계를 맺은 것은 인류 역사에서 정착생활을 가능하게 한 혁명적인 사건이었다. 끊임없이 이동해야 하는 수렵과 채집 대신에, 일정한 정착지를 마련하여 농사를 지으면서 동물 중 기를 수 있는 것을 길들여 농사일에 도움을 받거나 고기를 취하기 시작하면서, 인간에게는 삶의 여유와 문화라는 질적으로 다른 차원의 삶이 가능해졌다. 우리 한반도에서도 이런 역사의 흔적은 곳곳에서 발견되고 있고, 그 때부터 함께해온 가축이 바로 개와 소, 닭, 말 같은 짐승들이다.

그런데 그런 가축을 통해 고기를 먹는 일은 극히 제한적이었고, 내가 소년기를 보냈던 1970년대까지도 명절이나 되어야

고기를 구경할 수 있었을 뿐이다. 그러다보니 자연스럽게 개도 식용 대상이 되었고, 그것은 중국 같은 나라의 경우도 그다지 다르지 않다. 그 개고기도 결코 쉽게 먹을 수 없었기에, 한여름 무더위가 기승을 부리는 복날에 어른들이나 누릴 수 있는 호사였다.

이제는 웬만한 곳에서는 한밤중에도 전화 한 통화로 치킨이라고 불리는 닭고기를 마음껏 시켜먹을 수 있게 되었다. 보쌈이라는 이름의 돼지고기는 물론이고, 비싸다는 소고기도 수입산으로 배부르게 먹을 수 있는 고기뷔페 식당을 찾기가 어렵지 않다. 바야흐로 고기를 너무 많이 먹어서 문제가 되는 시대로 접어든 셈이다.

> "고기 때문이야. 너무 많은 고기를 먹었어. 그 목숨들이 고스란히 그 자리에 걸려 있는 거야. 피와 살은 모두 소화돼 몸 구석구석으로 흩어지고 찌꺼기는 배설됐지만, 목숨만은 끈질기게 명치에 달라붙어 있는 거야."[24]

24 한강(2017), 『채식주의자』, 창비.

노벨문학상에 버금간다는 맨부커상 수상자이면서도 이 정권에서 이른바 블랙리스트 작가로 분류되었다는 소설가 한강의 주인공은, 자살 시도로 그은 손목은 괜찮다며 단지 가슴이 아플 뿐이라고 신음처럼 말한다. '어떤 고함이, 울부짖음이 겹겹이 뭉쳐져 거기 박혀'있는데, 그 이유가 너무 많은 고기를 먹었기 때문이라는 것이다.

그렇다. 우리 눈앞에서 동물학살이 끊이지 않는 이유는 바로 우리가 고기를, 그것도 너무 많은 고기를 먹기 때문인 것이다. 육식이냐 채식이냐를 놓고는 논쟁이 충분히 가능하다. 인간이 본래 잡식성 동물로 생태계에 자리잡았기 때문에 일정한 육식은 불가피할 뿐만 아니라 자연스럽기도 하다고 주장할 수도 있다. 거꾸로 그런 생각 자체가 어느 순간 인간 역사에 끼어든 잘못된 생각일 뿐, 채식만으로도 건강한 삶을 살아가는데 충분하다고 주장할 수도 있다. 생명의 종교인 불교의 경우에도, 특히 탁발로 살아가야 하는 승가공동체 전통을 유지하고 있는 남방 불교권은 그런 제한적인 의미의 육식에 허용적인 반면 우리 같은 북방불교권은 부정적이다.

동물 학대와 종(種) 차별주의라는 관행

이 문제에 먼저 직면한 것은 산업화의 대량생산 체제를 먼저 정착시킨 서구였다. 그들은 이른바 공장식 사육 방법을 도입하여 동물을 대량으로 생산해낼 수 있게 되었고, 그 혜택(?)을 모든 시민들이 누릴 수 있는 새로운 '먹을거리의 천국'을 만들어내는데 성공했다. 우리도 이제는 익숙해진 햄이나 햄버거 같은 새로운 음식을 통해 값싸고 편리하게 누구나 고기를 먹을 수 있는 시대를 연 것이다. 세계화의 흐름과 함께 전 세계로 확장된 다국적 매장들을 통해 고기는 더 이상 피가 뚝뚝 떨어지지 않는, 깔끔하면서도 매끄러운 음식이 되었다.

세계 인구의 상당수는 여전히 배를 채우지 못하고 있지만, 그 이상의 사람들은 넘치는 칼로리로 고통 받고 있다. 그것으로 인한 질병들이 만연하고 세계적으로 다이어트와 성형 열풍이 불고 있고, 그 중에서도 우리나라는 가장 대표적인 곳으로 꼽히고 있다. 나이 드는 것을 거부하면서 더 젊어 보이려고 하는, 이른바 안티 에이징 풍조가 대통령부터 강남 아줌마, 남자 회사원, 학생들에게까지 질긴 영향력을 행사하면서 우리는 모두가 어느 정도씩은 자신으로부터의 소외를 경험하고 있는 중이다. 거울 속에 비치는 자신의 얼굴이 낯설어질 때가 있다는 말이다.

> "그렇다면 동물과 인간 사이의 차별을 정당화할 수 있는 근거는 무엇이겠는가? 생각할 수 있는 이성능력인가? 아니다. 문제는 그들이 고통을 느낄 수 있느냐이다."[25]

무분별하게 확산된 육식문화가 가져온 동물 학대에 대한 관심을 촉구한 선구자는 호주에서 활동하다가 지금은 미국 프린스턴대학 교수로 활동하는 윤리학자 피터 싱어(Peter Singer)다. 그는 이 주제와 관련된 대표적인 저서로 꼽히는 『동물해방』을 1975년에 펴내 수많은 논쟁을 불러일으키는데 성공했다.

> "(동물)해방 운동은 도덕적 지평의 확장을 요구한다. 그렇게 함으로써 이전까지지는 자연스럽고도 불가피하다고

25 피터 싱어, 김성한 옮김(2012), 『동물해방』, 연암서가, 이 글의 모든 강조는 필자의 것이다.

생각했던 관행들이 정당화될 수 없는 편견의 결과로 보이게 되는 것이다. 그 누가 자신의 모든 태도와 관행이 정당하다고 자신 있게 말할 수 있겠는가? …… 우리는 우리의 태도로 인해, 그리고 그런 태도를 따르는 관행으로 인해 고통 받는 존재자들의 입장에서 자신의 태도를 성찰해볼 필요성을 느낀다." 『동물해방』

이 책을 통해 싱어는 현대 시민윤리의 기본 원리 중 하나인 '이익에 대한 동등한 고려의 원칙'을 강조하면서 그 적용 대상을 동물에게까지 확장하고자 한다. 윤리적 대우를 받아야 하는 근거를 '고통을 느낄 수 있는 존재인가'에 두면서, 영국 공리주의 윤리학자 제레미 벤담이 고통을 피하고 행복을 추구하고자 하는 것이 인간의 본성이라고 말한 것을 동물에게까지 확장하지 않을 이유는 없다고 강조하고 있다.

"이 책에서 나는 이익에 대한 동등한 고려라는 기본 원리를 다른 종의 구성원들에게 확장할 것을 거부할 아무런 이유가 없다고 주장하고 있다. 착취 집단의 특권을 유지하려는 이기적인 욕구를 제외하고는 말이다."[26]

우리에게 동물은 이제 학대의 대상만은 아니다. 일부이기는 하지만, 인간들 사이의 관계에 어려움을 느끼는 사람들에게 애완견 같은 동물은 가족 또는 그 이상의 소중한 존재가 되고 있다. 문화적으로 쏠림 현상이 있는 우리에게 그런 애완동물 또는 반려동물과의 관계 맺기는 지속적으로 확산될 것임에 틀림없다.

문제는 그런 대등한 관계를 맺는 동물과 자신이 음식을 통해 섭취하는 동물을 엄격히 분리시키는, 동일시와 배제, 차별이라는 비윤리적인 태도에서 생긴다. 식용 개고기를 먹는 것은 그토록 야만적인 행위라고 비난하면서도 자신들이 즐기는 만찬에 올라오는 스테이크와 거위를 학대해야 만들 수 있는 푸아그라는 전혀 문제의식을 느끼지 못하는, 일부 프랑스인들의 행동이 그런 전형적인 비윤리적인 행태에 속한다. 윤리의 핵심은 적용의 일관성이고, 그런 점에서 그들은 입으로는 윤리를 말하면서도 실제로는 비윤리적인 행동을 하고 있는

26 싱어, 앞의 책, 19쪽.

셈이다.

'모든 존재하는 것들은 다 행복하라.' 『법구경』의 이 말씀만큼 불교의 생명관을 이만큼 잘 보여주는 것도 드물다. 심지어 생명이 있는 것들〔有情物〕 뿐만 아니라, 생명이 없는 돌이나 흙 같은 것들〔無情物〕 사이의 차별에도 반대할 정도다. 그렇게 말하는 윤리적인 근거는 존재하는 것들의 연기적 의존성이고, 이 의존성은 현대 생태학과 뇌과학 같은 첨단과학에 의해서도 사실로 확인되고 있다. 우리가 행복하게 살기 위해서는 주변 인간들과의 관계뿐만 아니라 물이나 공기, 바위 같은 무정물과도 좋은 관계를 맺어야만 한다는 사실이 밝혀진지 오래다.

우리는 이제 동물과의 관계 맺기를 고민하지 않으면 안 되는 절박한 상황과 지속적으로 마주하고 있다. 그 과정은 먼저 이 상황을 정확하게 바라보는 것과 내 일상 속에서 한 가지씩이라도 실천하고자 노력하는 것의 병행으로 이루어져야 한다.

> "우리 식습관에서 종차별주의적 요소를 일시에 모두 제거한다는 것은 사실상 어려운 일이다. 내가 여기서 지지하는 지침을 따르는 사람들은 사실상 동물 착취

를 반대하는 대중운동에 참여한 것이다. 동물해방 운동의 가장 시급한 과제는 이러한 운동에 동참할 수 있도록 가급적 최대한 많은 사람들을 설득하는 일이다."[27]

존재하는 모든 것들은 그 자체로 존재의 의미를 지닌다. 그 의미는 한편으로 살아있음 자체에서 비롯되는 것이고, 다른 한편으로 존재하는 다른 모든 것들과의 뗄 수 없는 의존성 또는 연기성(緣起性)에서 비롯된 것이다. 불교윤리에서는 모든 존재의 평등을 전제로 하면서도, 실존의 고통으로 상징되는 존재 실상에 대한 알아차림의 가능성에서 인간의 지위와 역할, 책임을 인정한다. 자신과의 관계 맺기에서 다른 사람과의 관계 맺기로, 더 나아가 주변의 다른 존재자들과의 관계 맺기로 확장되어가는 윤리적 인식과 실천만이 우리에게 남은 희망인지 모른다. 그런 점에서 우리는 진정한 윤리 귀환의 시대로의 전환을 요청받고 있는 셈이다.

27 싱어, 앞의 책, 305쪽.

절망의 시대에 초월의 의미를 다시 묻다
―다종교 문화 속에서 『신약성서』 읽기

절망이 유령처럼 우리 주변을 맴돌고 있다. '스스로의 힘으로 살아남아라.'라는 자본주의의 명령이 우리 사회의 약한 고리를 형성하고 있는 서민층을 먼저 공략하기 시작했고, 최근에는 극심한 취업난에 시달리는 젊은 층과 갑작스런 수명 연장으로 제대로 준비하지 못한 긴 노년을 견뎌야 하는 노년층의 절망을 부추기는 주된 요인이 되고 있다.

돈이 또 하나의 숭배대상이 되어버린 물신주의(物神主義) 사회에서 절망 또한 주로 돈과 관련된 지점에서 솟아나곤 한다. 노년층 자살률이 유난히 높은 우리 사회에서도 다른 나라와 마찬가지로 그 주요 원인은 관계 단절로 인한 외로움의 누적과 경제적 어려움으로 나타나고 있다. 자식에 대한 배신감도 원인이라지만, 그것 또한 앞의 둘에 포함되거나 깊은 연관성을 지닌다.

안정된 일자리 확보가 구조적으로 어려울 수밖에 없는 젊은 층의 지속적인 좌절은 더 많은 문제점을 노출시킨다. 과도한 스펙 쌓기와 불필요한 경쟁의 내면화, 그것을 지원하기 위한 부모들의 과도한 희생이 그 많은 문제들의 단편들이고, 그것은 다시 '금수저' 논란으로 상징되는 불평등의 세습으로 이어져 사회 전반의 불만과 절망을 확대시키고 있다.

우리 사회에서 기독교의 위상

이런 상황 속에서 2015년 기준으로 불교를 밀어내고 제1의 제도종교로 자리 잡은 기독교는 어떤 역할을 하고 있을까? 그 중에서도 전래된 지 100년 정도밖에 되지 않은 개신교의 양적 팽창은 눈부시다고 평가할 수밖에 없는데, 그 급속한 팽창 속도만큼이나 적대감 또한 확산되어 있다. '개독교'나

'먹사' 같은 입에 담기 어려운 비속어가 상징하고 있는 그 적대감은 기독교인과 비기독교인 모두를 위해서 가능하면 빨리 극복해야 하는 과제로 우리에게 다가오고 있다.

우리가 자발적으로 받아들인 가톨릭의 경우에도 조선 후기 사회 상황 속에서 많은 갈등을 불러왔고, 그 과정에서 수많은 신도들이 박해를 받아야 했다. 특히 유교의 중심 의례인 제사를 거부하면서 일으킨 파장이 컸고, 그것이 다시 프랑스나 독일 같은 당시 유럽의 제국주의 세력과 결탁되면서 더 큰 적대감과 경계심을 불러내기도 했다. 그러나 가톨릭은 상당 부분에서 전통과 만나는 전략을 택했고, 그 결과와 함께 암울한 독재정권 시절의 빛과 소금 같은 저항을 통해 가장 이미지가 좋은 제도종교로 자리잡아 오늘에 이르고 있다.

물론 가톨릭의 경우에도 고위직 신부들의 권위주의와 시대에 뒤떨어지는 남녀차별 등의 문제를 지속적으로 드러내고 있고, 그 본고장인 유럽에 비해 나은 편이기는 하지만 신부들의 도덕성 문제 또한 무시할 수 있는 수준이 아닌 것으로 알려져 있다. 그에 비해 주로 미국 선교사들에 의해 전파된 개신교는 교육과 의료, 민주화의 영역에서 적지 않은 기여를 했음에도 '세습하는 대형교회', '미국은 하나님 나라' 같은 구호가 지니는 부정적인 이미지가 훨씬 더 부각되어 있다. 최근에는 많이 줄어들었지만 '예수천국 불신지옥'이라는 극단적인 이분법에 기반하여 사회 전반적인 빨갱이 담론을 주도하고 있는 수구 세력 중 하나로 꼽히고 있기도 하다.

예수정신과 초월: 사랑으로 귀결되는 믿음과 소망

우리 사회에서 기독교가 지니는 이러한 위상은 누구를 위해서도 바람직하지 않다. 한 사회 속에서 종교의 비중이 점차 축소되는 추세이지만, 그럼에도 인간 본성에 자리한 종교성 차원이나 사회제도의 하나로서 종교가 지닐 수 있는 역할 차원을 고려할 때 제1의 종교인 그리스도교의 도덕적·정신적 몰락은 우리 모두의 문제로 연결될 수밖에 없기 때문이다. 그럼 어떻게 해야 할까?

일차적으로는 그리스도교의 구성원들이 자신의 상황을 직시하면서 본래의 모습을 회복하고자 노력해야 하지만, 외부의 우리들 또한 그들에 대한 현재의 판단 속에 들어있을 수 있는 편견을 극복하고자 노력할 필요가 있다. 그들 또한 우리와 함께 시민사회를 이루고 있을 뿐만 아니라, 함께 현재와 미래를 꾸려나가야 하는 실천적인 동반자이기도 하기 때문이다. 특히 시민윤리로서 나와 다른 타자를 견디는 관용과 공존의 윤리가 절실한 상황이어서 더 그러하다.

모든 제도종교는 정신적 지향과 현실의 모습이라는 두 축을 지닌다. 인간의 속성상 그 둘 사이의 간극은 불가피하지만, 그 간극이 감내할 만한 수준을 벗어나지 않을 때라야 제대로 된 종교라는 평가를 받을 수 있다. 그럼 기독교와 불교라는 우리 사회의 주요 제도종교에 대해서는 어떤 평가가 가능할까? 불행히도 긍정적인 평가를 내리기 힘들다. 불교의 경우에도 '외제차를 타는 주지스님'으로 상징되는 물신화(物神化)로부터 전혀 자유롭지 못하다. 그러다보니 제도종교에 대한 불신은 갈수록 커지고, 기존에 속해있던 사람 중에서도 교회나 절을 떠나는 경우가 늘어나고 있다.

이런 상황일수록 우리는 각 제도종교가 본래 지니고 있는 정신적 지향을 떠올릴 수 있어야 하고, 그리스도교의 경우는 당연히 이 시대에 예수정신은 어떤 의미를 지닐 수 있는지를 물을 수 있어야 한다. 그러기 위해서는 먼저 예수정신의 핵심을 정리해볼 필요가 있다.

> "유대 사람은 표적을 구하고 그리스 사람은 지혜를 구하지만, 우리는 그리스도를 전하되 십자가에 달리신

분으로 전합니다. 이것은 유대 사람에게는 거리낌이고 그리스 사람에게는 어리석음이지만, 부르심을 받은 사람에게는 유대 사람에게나 그리스 사람 모두에게 그리스도는 하나님의 능력이요 하나님의 지혜입니다." 「고린도전서」 1장

기독교의 성서는 '구약성서'와 '신약성서'로 나뉜다. 앞의 것이 예수 탄생 이전 유대인들의 역사 속에서 형성된 것인데 비해, 후자는 예수 자신을 주인공으로 삼은 제자들의 기록이다. 크게 보면 예수의 말씀을 제자들이 들어 전하는 방식을 택하는 복음(福音)과 사도 바울을 비롯한 초기 기독교 지도자들이 교회 구성원들에게 보내는 편지 형식의 서신(書信)으로 되어 있다. 인용한 '고린도전서'는 서신의 대부분을 차지하는 바울 서신의 하나일 뿐만 아니라, 사랑에 관한 내용을 주제로 삼고 있어 일반인들에게 가장 친숙한 것 중 하나이기도 하다.

예수의 제자들 중에서 가장 널리 알려진 사람은 베드로와 바울이다. 베드로가 예수가 자신의 진리를 전하던 시기에 늘 함께 했던 어부 출신 제자였던 데 비해, 바울은 로마시민권을 가진 당대의 엘리트 지식인으로 처음에는 기독교도를 탄압

하는데 앞장섰던 인물이다. 예수가 십자가에 매달려 죽은 후 3, 4년 후에 다마스쿠스로 가고 있던 바울은 신을 만나는 강력한 충격을 경험하고 나서 기독교인으로 개종한다. 그런 후 로마제국은 물론 아랍까지 곳곳을 돌아다니면서 가르침을 전하다가 결국 로마인들에게 처형당하는 비극을 맞는다. 베드로가 주로 유대인들을 위한 사도였다면 바울은 유대민족 이외의 이방인들을 위한 사도였고, 그런 이유로 바울은 오늘날까지 이어지는 기독교의 보편화와 세계화에 결정적인 기여를 한 인물로 평가받고 있기도 하다.

> "서로 사랑하는 것 이외에는 아무에게도 빚을 지지 마십시오. 남을 사랑하는 사람은 율법을 다 이루었습니다. …… 모든 계명은 '네 이웃을 네 몸과 같이 사랑하라'는 말씀에 요약되어 있습니다. 사랑은 이웃에게 해를 입히지 않습니다. 그러므로 사랑은 율법의 완성인 것입니다." 「로마서」 13장

바울에 의해 명료화된 예수정신의 핵심은 사랑이다. 유대인들이 금과옥조처럼 생각하면서 일상의 중심에 두고 살던 율법을 완성하는 것이 결국 '네 이웃을 네 몸과 같이 사랑하

라'는 말씀으로 요약될 수 있고, 따라서 이웃을 사랑하지 않으면서 율법만 준수하는 것은 온전한 기독교인일 수 없다는 것이 바울이 받아들인 예수정신이다. 프랑스 철학자 알랭 바디우는 죽음으로 인해 유한할 수밖에 없는 인간의 결정적인 한계를 넘어선 예수의 부활이라는 사건에 주목하면서, 바울의 사랑 개념을 다음과 같이 해석하고자 한다.

> "사랑의 원리는 사유로서의 주체가 사건의 은총을 부여받을 때 죽었던 주체가 삶의 위치로 다시 돌아온다는 것이다. 그렇게 됨으로써 주체는 율법 쪽으로 추락했던 힘의 속성들을 다시 회복한다."[28]

여기서 사건은 십자가에 매달려 죽은 예수가 부활하는 사건을 의미하고, 은총이란 그 사건을 믿음으로써만 주어질 수 있는 신의 은총을 의미한다. 그렇게 보면 예수의 사랑은 원칙적으로 부활에 대한 믿음에 근거해서만 가능한 것으로 해석될 수 있다. 그 믿음은 다시 예수를 매개로 삼아 하나님의 왕

28 알랭 바디우, 서용순 옮김(2008), 『사도 바울』, 새물결, 168쪽.

국에 다가가고자 하는 소망으로 이어지면서 일상 속 사랑으로 구체화될 수 있어야 한다.

> "그러므로 믿음, 소망, 사랑, 이 세 가지는 항상 있을 것인데, 그 가운데서 으뜸은 사랑입니다." **「고린도전서」 13장**

우리 사회에서 예수정신을 어떻게 살려내야 할까?

외적인 성장과 풍요가 더 이상 서민들의 일상에서 느껴지지 않고 오히려 전 세대에 걸친 절망과 체념만을 불러내고 있는 우리 사회에서 기독교는, 또 예수정신은 어떤 의미를 지닐 수 있을까? 이미 무시할 수 없는 비중을 지니게 된 제도종교로서의 기독교가 기독교인의 삶 속에서 예수정신을 살아있지 못하게 하는 듯한 평가가 우세한 현실 속에서, 이 물음은 그들과 함께 살아가야 하는 비기독교인들에게까지 영향력을 행사할 수밖에 없다.

예수정신을 죽음을 향해 달려가는 맹목적인 욕구 충족의 여정으로부터 돌려세우려는 사람의 몸짓으로 해석할 수 있다면, 예수의 부활은 단순한 신학적인 우화가 아니라 의미있는 삶을 향하는 새로운 전환점의 마련일 수 있다. 그것이 가능할 뿐만 아니라 꼭 필요한 것이기도 하다는 믿음을 갖고, 그 믿음을 마음 속 올바름의 추구를 포기하지 않는 소망으로 간직해내면서 일상 속 사랑의 실천으로 구현하는 것이 바로 예수정신이다.

모든 것들을 상품으로 만들어 소비하고자 하는 욕구로 바꿔버리는 자본주의적 일상은 빈부격차의 고착화와 세습화 등으로 이어지면서, 이 땅 모든 사람들의 삶 속에 절망을 심어주고 있는 중이다. 제도종교를 갖고 있는 사람들이나 그 종교를 이끄는 지도자들 또한 이러한 흐름으로부터 전혀 자유롭지 못한 암울한 현실 속에서, '이렇게 살아가도 괜찮을까'라는 물음을 자신에게 던져보는 윤리적 전환점을 믿음과 소망을 토대로 마련하면서, 자신의 삶은 물론 우리 사회 전반의 부정의(不正義)에 함몰되지 않는 사랑의 실천을 이어가는 예수정신을 구현하는 사람들과 만나고 싶다. 그런 사람들을 만나면 자신의 종교와 상관없이 누구나 존경의 마음을 내게 될 것이고, 그것이 바로 예수와 바울이 그토록 바랐던 사랑의 확산이자 기독교 자체의 진정한 확장이기도 할 것이기 때문이다.

성장 신화의 미망(迷妄)에서 깨어나기

—탈원전 선언과 함께 『도덕경』 읽기

2017년 6월 19일 대한민국 문재인 대통령의 탈원전 선언은 우리 역사에 기록될 만한 사건이다. 독일과 대만 등 탈핵에서 앞서고 있는 나라들에 비하면 늦은 감이 없지 않지만 지금이라도 이런 선언이 나오게 된 것은 정말 다행스런 일이고, 이제 우리도 이기심에 근거한 편리함만을 쫓는 삶의 궤적으로부터 벗어날 수 있는 기회를 갖게 되었다는 점에서 소중하기도 하다.

물론 그렇다고 해서 이 선언으로 모든 문제가 한꺼번에 해결되는 것은 결코 아니다. 갈수록 더워지고 추워지는 기후 변화 속에서 난방과 냉방을 위한 전기 소비 또한 늘어날 수밖에 없고, 이를 빌미로 삼아 벌써 원전마피아들의 교묘한 저항은 시작되었다. 전기값이 엄청나게 높아질 것이라거나 원전을 줄이면 화력발전이 늘어 미세먼지 농도가 급격히 나빠질 것이라는 이야기가 그런 저항의 일단들이다.

우리 일상의 딜레마 상황들

원전을 줄임으로써 전기료가 올라갈 것이라거나 화력발전소 가동을 늘림으로써 미세먼지 농도가 높아질 가능성이 있다는 말은 사실과 일정 부분 맞아떨어진다. 원전이 전체 전력에서 27%가량을 차지하고 있기 때문에 실제로 전기료가 오를 수 있고, 만약 그 부족분을 화력발전으로 충당하고자 한다면 미세먼지 농도에도 일정한 영향을 미칠 수밖에 없다. 물론 다른 대안도 있다. 우리 일상 속에서 전기사용량을 획기적으로 줄이고 대체에너지 개발에 박차를 가하는 방안이 그것이다.

그런데 이 두 방법 모두 실천하기가 쉽지 않다는 문제를 지니고 있다. 후자의 경우 이미 시작된 일이어서 속도를 높이면 되지만, 전자의 경우 내 일상에서 감내해야 하는 불편함의 고통이 만만치 않아 더 실천하기 어렵다. 엘리베이터가 고장 나서 10층 정도의 계단만 올라본 경험이 있는 사람은 우리가 얼마나 편리함에 중독되어 있는지 충분하게 공감할 수 있다. 정말 힘들고 불편하기 때문이다. 그럼에도 우리는 탈원전의 길을 포기할 수 없고, 바로 그것이 일상의 딜레마 상황이다.

탈원전은 탈핵무기와 함께 한반도 탈핵의 두 축을 이룬다. 핵무기로부터의 탈출은 북한은 물론 미국과 중국 등과의 국제적 맥락으로 얽혀있어 우리만의 노력으로는 쉽게 이루기 어렵지만, 탈원전은 충분히 가능할 뿐만 아니라 2016년 늦가을부터 시작된 촛불혁명의 결과로 탄생한 문재인정권에서 이미 현실로 구현되고 있는 중이다. 우리들 자신의 미래보다도 우리 아이들이 살아갈 이 땅에 후쿠시마 원전사고 같은 엄청난 재앙이 없어야 한다는 당위는 더 말할 나위가 없는 절박한 정언명령이다.

남은 문제는 어떻게 하면 이 일상의 딜레마 상황을 직시하면서 그 방향으로 한 발짝씩 나가느냐이다. 쉽지 않지만 결코 포기할 수 없는 이 과업을 각자의 삶과 사회 전반을 통해 실천하기 위한 출발점에 서서 우리는 어떤 철학의 도움을 받을 수 있을까? 먼저 떠오르는 것은 후기 산업사회가 지니게 된 내재적 위험요소에 주목한 울리히 벡(U. Beck)이나 전 지구적 차원의 거시윤리학이 필요한 시대가 되었다고 강조한 칼 오토 아펠(K-O, Apel) 같은 학자들이지만, 그들보다도 더 깊은 차원에서 우리 일상에 파고든 문명의 특성과 한계를 볼 수 있는 철학의 필요성과 마주하게 된다. 이 지점에서 떠올릴 수 있는 것 중 하나가 바로 도가(道家)철학이고, 그 철학을 대표하는 고대 철학자 노자(老子)이다.

자연(自然)으로서의 진리

> 하늘은 도(道)를 본받고 그 도는 자연(自然)을 본받는다. 『도덕경』

우리 동아시아인들에게 하늘은 근원적이면서도 다층적인 의미를 지닌다. 그것은 진리의 원천이기도 했고, 우리가 어쩔 수 없이 따라야만 하는 엄혹한 자연의 중심이기도 했다. 가뭄이나 홍수 같은 재앙을 만날 때마다 우리는 그 '하늘'을 바라보며 원망하거나 기도했고, 하늘의 명령〔天命〕이 곧 우리의 본성을 이룬다는 생각을 체계화하여 유교철학을 완성하기도 했다. 그 하늘의 뿌리를 자연으로 본 것이 바로 도가이고, 그것은 노자라는 전설적 인물의 말을 기록했다는 『도덕경』을 통해 우리에게 전해지고 있다.

> 최상의 선(善)은 물과 같다.
> 만물을 이롭게 하면서도 다투지 않고
> 모든 사람들이 싫어하는 곳에도 기꺼이 머물기 때문에 도에 가깝다. 『도덕경』

동아시아철학 또는 중국철학은 유교와 도가라는 두 축으로 나뉘어 전개되다가 불교라는 새로운 철학과 만나면서 선불교와 성리학이라는 새로운 흐름을 만들어낸다. 그것이 우리 한국과 일본, 베트남 등으로 전파되고 심화되면서 과거(科擧)라는 근대적 관료선발제도와 경연(經筵) 같은 성리학자 중심의 합리적 왕권체제를 통해 세계사적 위상을 확보해낼 수 있었다. 다른 한편으로는 화두(話頭)를 들고 좌선에 몰입하는 간화선(看話禪) 중심의 선불교를 정착시켜 일상과 깨달음의 경계를 넘나들 수 있는 새로운 길을 제시해주기도 했다.

그런데 도가에서는 어지러운 일상을 잘 살아내는 대안으로 경직된 윤리(倫理)가 아닌 자연의 흐름을 읽고 물처럼 살아가는 무위(無爲)를 강조하고자 한다. 무위는 아무것도 하지 않음이 아니라, 억지로 하지 않음이다. 인간세상의 질서를 억지로 세우려 하지 않고 물 흐르듯이 자연의 흐름에 몸과 마음을 맡기는 삶을 이상적인 대안으로 강조하고 있는 것이다. 이 때의 자연은 물과 나무 같은 눈으로 보이는 것들을 배제하지는 않지만, '스스로 그러함'이라는 의미의 자연 질서를 주로 의미하는 개념이다.

> 되돌아가는 것이 도의 움직임이고
> 약한 것이 도의 쓰임이다.
> 이 세상 모든 것이 있음〔有〕에서 나오고
> 그 있음은 없음〔無〕으로부터 나온다. **『도덕경』**

항상 앞으로 나가는 것이 아니라 되돌아가는 것이 도의 움직임이고, 강함이 아니라 약함이 도의 쓰임이라는 도가의 사유는 우리 일상의 사유를 뒤집는다. 우리는 특히 급속한 근대화 과정을 거치는 동안에 되돌아가는 것을 후퇴이자 패배라고 생각하게 되었고, 약함 또한 '루저(loser)'라는 유행어에서 확인할 수 있듯이 반드시 극복해야만 하는 대상으로 받아들이게 되었다. 그 결과는 끝없는 성장과 맹목적인 성공의 추구로 나타났고, 그것들은 다시 경쟁과 만성피로의 일상화로 이어지고 있다. 독일에서 활동하는 한국철학자 한병철의 날카로운 지적처럼, 그 경쟁과 피로는 이제 더 이상 다른 사람과만 하는 것이 아니라 나 자신의 내면에서 더 치열한 양상을 드러내는 것이 되었다. 그것들이 일상의 질서로 굳어져 우리들로 하여금 생각하지 않고도 맹목적으로 살아갈 수 있게 하는 배경을 이루고 있다.

약함과 부드러움의 미학과 일상

> 약함이 강함을 이기고
> 부드러움이 단단함을 이기는 이치를
> 세상 사람들은 알지도, 실천하지도 못한다. 『도덕경』

이제 우리는 가질 만큼 갖게 되었고, 더 편리할 필요가 없다 싶을 정도로 편리한 삶을 누리고 있기도 하다. 손 안으로 들어온 세상은 세계 최고 수준의 인터넷망을 통해 내 눈앞에 실시간으로 펼쳐지고 있다. 그럼에도 우리는 행복하지 않고 더 많이 가져야만 그 행복이 찾아올 것이라는 성장 신화의 미망(迷妄) 속에 여전히 빠져 있다. 바로 그 지점 어딘가에 탈원전을 거부하고 싶은 우리의 어리석은 저항이 자리한다.

물론 우리 사회가 최근 들어 빈부격차가 심화되고 있어 가난한 사람들의 삶이 그들의 노력과 상관없이 더 나빠지는 현실을 함께 직시하면서 구조적 해결 방안을 모색할 수 있어야 한다. 더 나아가 남북한 분단과 대립으로 인한 위험을 근원적으로 없애기 위한 평화와 통일을 향하는 몸짓 또한 지속할 수 있어야 한다. 그러나 이런 움직임의 출발점은 모두 나 자신의 일상 속에 자리하고 있다는 엄연한 진리를 놓치지 않아야만 진정한 개선이 가능하다.

강함은 약함을 전제로 해야만 성립할 수 있고, 단단함 또한 부드러움을 전제로 해야만 성립할 수 있다. 그런데 우리는 그 둘을 억지로 분리시켜 앞의 것을 좋아하고 뒤의 것은 싫어하는 어리석음을 너무 쉽게 범한다. 모든 존재하는 것들이 관계 또는 연기망(緣起網) 속에서만 비로소 존재할 수 있다는 동아시아적 사유 전통이나, 현대 뇌과학의 성과와도 배치되는 인식과 실천의 어리석음을 아무렇지도 않게 반복하고 있는 셈이다.

불편함은 때로 몸을 가지고 살아가야 하는 우리들로 하여금 그 몸의 필연적인 약화와 소멸을 깨우치게 하는, 소중한 계기를 만들어주기도 한다. 심한 감기몸살로 앓아누웠을 때야 비로소 몸의 소중함을 알게 되고, 깊은 숲 오두막에 머물고자 하면 달려드는 수많은 벌레들과 땅의 징그러움을 감내해야만 한다는 깨달음을 얻기도 한다. 그리고 우리는 언젠가 그 땅으로 돌아갈 자연의 한 부분이라는 깨침이 문득 찾아들기도 한다. 그런 점에서 불편함은 편리함이 지속적으로 망각하게 하거나 외면하게 하는 삶의 진리를 깨우칠 수 있게 하는 좋은 계기 그 자체이다.

부드러움 또한 마찬가지다. 단단한 것들은 쉽게 부러지지만, 부드러운 것들은 강한 바람에도 먼저 눕고 먼저 일어설 수 있다. 끝없는 성장 신화의 미망에서 벗어나면 세상의 약함과 부드러움을 있는 그대로 온전히 받아들일 수 있게 될 뿐만 아니라, 나 자신이 스스로 약점이라고 생각했던 것들을 있는 그대로 바라볼 수 있는 지혜도 지닐 수 있게 된다. 사실 우리 모두는 약함과 강함을 동시에 지니고 있고, 그것들마저도 상대적인 것일 뿐 절대적인 것일 수 없다. 자신의 약점을 직시하는 순간 강점으로 변할 수 있고, 더 나아가 그런 구분들 자체로부터도 자유로울 수 있다. 그런 점에서 노자(老子)의 부드러운 음성은 우리 일상 속에서 과장되고 왜곡된 모습을 하고 있는 강함과 단단함의 허상을 직시할 수 있게 하는 죽비라고 할 만하다.

어떤 진리를 추구하며 살아야 할까?
-진리 상대주의 시대에 『장자』 읽기

살아가는 일이 늘 만만치 않지만, 마음먹은 일이 계획대로 되지 않거나 자신이나 주변에 회복하기 어려운 병이 찾아들 때 곤혹스런 몸과 마음의 무너짐과 마주하게 된다. 그럴 때 우리는 왜 나만 이렇게 일이 되지 않는 것인지, 왜 내게 이런 가혹한 병이 찾아온 것인지를 반복해서 물으며 더 깊은 수렁으로 빠져들곤 한다.

이런 수렁에서 빠져나올 수 있는 방법은 무엇일까? 한 방에 해결할 수 있는 뾰족한 수야 없겠지만, 우리들이 의지할 수 있는 방법이 아주 없는 것은 아니다. 그 중 하나는 시간에 내맡기는 방법이다. 시간이 흐르면서 일이 예상외로 잘 풀릴 수도 있고 몸살감기 같은 일상의 병 정도는 자연적으로 치유될 수도 있다. 또한 고통의 감각도 조금씩 완화되어 견딜 만한 수준으로 변하기도 한다. 또 하나는 그 일을 바라보는 자신의 관점을 성찰해보는 방법이다. 내가 먹은 그 마음이 어떤 욕구에 기반한 것인지, 내게 다가온 그 병이 지니는 의미는 없는 것인지와 같은 새로운 시각을 가지려고 노력하는 방법이다.

물고기가 미인에게 놀라 가라앉다

> "모장과 서희를 두고 사람들은 천하의 미인이라고 부르면서 칭송을 아끼지 않았다. 그런데 물고기가 그들을 보면 깊은 물속으로 숨어버리고, 새는 높이 날아가 버리며 사슴과 고라니는 놀라 걸음아 나 살려라 하면서 달아나 버린다. 이들 중에서 누가 천하의 진정한 아름다움을 안다고 말할 수 있을까?" **『장자』「제물론」**

중국과 한반도를 중심으로 펼쳐진 동아시아사상은 자연의 변화와 흐름에 주목해 그 진리체계를 구축하고자 노력했다. 특히 『역경(易經)』이라고 불리는 고전에 바탕을 두고 자연의 변화〔易〕가 인간과 세상의 핵심 진리임을 강조한 두 사상이 유교(儒敎)와 도가(道家)이다. 주나라의 도덕정치를 이상으로 설정한 유교는 공자와 맹자를 거치며 그것을 하늘의 명령〔天命〕으로 재해석하면서 인의(仁義)를 중심으로 하는 도덕질서를 바로 세우고자 했다. 노장사상(老莊思想)으로 불리기도 하는 도가는 자연의 흐름 자체에 집중하여 인위적으로 무엇인가를 하지 않고 그 흐름에 맡기는 무위(無爲)의 철학을 정립하고자 했다.

감각에 민감한 우리는 자신의 외모에 신경을 쓸 뿐만 아니라, 다른 사람의 외모에 대해서도 필요 이상의 관심을 보인다. 특히 요즘처럼 영상매체가 발달한 시대에는 외모에 주목하는 뉴스들이 폭발적인 관심을 모으기도 한다. 대통령 선거과정에서 후보 자녀들의 외모가 지나치게 언급되는가 하면, 한 때는 수영복 심사를 통해 몸매가 좋은 여성을 뽑아 '미스코리아' 같은 호칭을 붙여주며 칭송과 함께 쾌락적인 소비대상으로 삼기도 했다. 우리 동아시아 문화 전통도 경국지색(傾國之色), 즉 그 외모에 대한 칭송이 국경을 넘어서는 수준의 미인이라는 개념이 통용된 데서 확인할 수 있는 것처럼 그 점에서 예외가 아니었다.

사람이름이기도 하고, 그의 말과 행적을 모아놓은 고전의 제목이기도 한 '장자'에는 앞의 인용문과 같이 그런 미인에 대한 평가가 정말 제대로 된 것인지를 묻는, 다소 충격적인 이야기가 담겨 있다. 사람들이 미인이라고 칭송해마지 않는 모장과 서희라는 여성을 물고기가 보면 놀라 물속 깊은 곳으로 숨어버리고, 새나 사슴이 보면 놀라 날아가거나 달아나 버린다는 것이다. 그러면서 장자는 사람과 짐승의 미의 기준 중에서 과연 어느 것이 올바른 것인지를 묻는다.

> "어느 날 장주(장자)가 나비가 되는 꿈을 꾸었다. 날아다니는 나비가 되어 자유롭고 재미있게 지내면서도 자신이 장주임을 알지 못했다. 문득 깨어 보니 다시 장주가 되었다. 그런데 그는 자신인 장주가 나비가 되는 꿈을 꾸었는지, 아니면 나비가 장주가 되는 꿈을 꾸었는지 도무지 알 수 없었다. 장주와 나비 사이에 어떤 구별이 있기는 할 것이다. 이런 것을 일러 '물화(物化)'라고 한다." 「제물론」

우리에게 널리 알려져 있는 '장자의 나비' 이야기를 담고 있는 이 인용문을 통해서도 세상을 바라보는 관점의 혁명적인 전환 가능성과 마주하게 된다. 어느 날 꿈속에서 나비가 되어 훨훨 날아다니다가 깨어났는데, 장자는 자신이 나비가 된 꿈을 꾼 것인지 아니면 나비가 자신이 된 꿈을 꾼 것인지를 어떻게 확실히 알 수 있느냐고 묻는다. 어찌 보면 황당한 생각이지만, 이 이야기에는 유념해볼 만한 진리가 담겨 있다.

우리의 의식에 관한 연구는 프로이트(S. Freud)의 꿈의 분석 이후로 획기적인 전환을 맞게 된다. 사람의 생각과 행동을 좌우하는 의식과 함께 무의식의 영역이 주목받기 시작했고, 그것은 다시 최근까지 뇌과학과 신경과학의 연구 성과에 힘입어 고정된 의식에 대한 강한 반론으로 전개되고 있는 중이다. 우리가 확고하게 믿고 있는 자신의 의식이 사실은 수많은 뇌세포들 사이의 연결망과 그것의 변화로 설명될 수 있음이 밝혀지고 있고, 그 변화양상은 이제 몸과 마음 사이의 뗄 수 없는 관계망을 확인하는 수준까지 나아가고 있다.

물론 그렇다고 해서 내가 나비인지 아닌지 알 수 없다는 말 자체가 실제로도 그렇다는 것은 아니다. 나는 나이고 나비는 나비다. 다만 이 지점에서 우리는 장자가 말하고 싶어한 것이 세상을 바라보는 우리의 관점이 변할 수 없는 고정된 것이거나 늘 진리를 담아내는 완전한 것일 수 없다는 것임을 다시 확인할 필요가 있다. 우리는 수많은 편견과 선입관을 가지고 살아가고 있고, 자신의 좁은 체험에 기반한 위태로운 신념을 지나치게 강하게 믿는 경향이 있다. 그런 신념 중에서 극단적인 것은 광신(狂信)이라고 일컬어지는 믿음이지만, 일반적인 수준의 우리 신념 중에서도 위험한 것은 많다.

그럼 어떤 진리를 추구해야 할까?

그렇다고 우리가 어떤 신념도 없이 살아갈 수는 없다. 아니 어떤 지점에서는 신념을 갖는 일이 꼭 필요하기도 하다. 예를 들어 세상에 거짓과 불의(不義)가 판치고 있지만, 정직과 정의를 포기할 수 없을 뿐만 아니라 우리가 노력하면 조금씩이나마 그런 세상으로 나갈 수 있다는 신념은 인류 역사 발전의 원동력이다. 이런 신념은 우리 역사 속에서도 동학혁명과 광주민주화 운동, 6월 시민혁명, 촛불혁명에 이르기까지 구체적인 성공사례를 축적하며 찬란한 사리를 차지하고 있기도 하다.

물론 우리는 정의 못지않게 현실의 욕심과 그것에 기반한 불의(不義)의 힘이 결코 약하지 않다는 것을 모르지 않는다. 그 힘들은 미국의 석학 중 하나로 평가받는 앨버트 허시먼의 지적처럼 그래봤자 역효과만 나고 아무 변화도 가져오지 못할 것이며, 우리 사회에 위험을 초래할 뿐이라는 위협까지 가하면서 늘 역사의 수레바퀴를 거꾸로 돌리려는 전략으로 작동한다.[29] 그러나 우리는 최근 촛불혁명을 통해 이 전략들의 허구성을 입증해내는데 성공했고, 바로 그 점에서 쉽게 체념하던 세계인들의 각성을 불러내기도 했다.

다른 면에서 얻은 소중한 성과도 있다. 그것은 바로 광복 이후 압축성장의 과정을 온몸으로 겪어낸 세대의 우려와 소외감을 태극기 집회를 통해 확인할 수 있었던 점이다. 절대빈곤 국가에서 세계 10위권의 경제대국을 일궈낸 6·70대 노년 세대들은 급속한 노령화로 인한 불안감 공유와 함께 촛불이 지향하는 방향이 자신들의 삶 자체를 송두리째 부정하는 방향으로 가는 것은 아닌지 하는 불만을 가질 수 있었고, 그것이 태극기 집회의 자발적인 참석자들의 본모습이었다고 생각할 수 있게 되었다.

29 앨버트 O. 허시먼, 이근영 옮김(2010), 『보수는 어떻게 지배하는가』, 웅진지식하우스 참조.

그런 점에서 촛불과 태극기는 현재의 우리 사회를 바라보는 두 관점의 상징들인 셈이다. 그것은 다시 미국을 바라보는 관점의 차이와도 이어져 태극기와 함께 성조기를 펄럭이는 현상에 대한 극단적인 관점의 차이를 낳기도 했다. 이런 관점들의 공존은 가능할까?

> "도에는 본래 한계가 없고 언어에도 본래 항구성이 없는 법이다. …… 통발은 물고기를 잡는 도구이므로 물고기를 잡고 나면 잊어버려야 하고 올가미는 토끼잡이에 쓰는 것이어서 토끼를 잡고 나면 잊어버려야 하듯이, 말도 뜻을 표현하는 도구에 불과하므로 뜻을 알고 나면 잊어버려야 한다."「외물」

우리를 둘러싸고 전개되고 있는 삶과 사회의 다양한 양상들은 쉽게 말로 표현할 수 없는 복잡성과 복합성을 지닌다. 누구나 그 삶과 사회를 관통하고 있는 진리를 한 마디로 표현할 수 있고 또 단박에 깨칠 수 있기를 기대하지만, 그런 일은 좀처럼 일어나지 않는다. 그러다보니 우리 일상은 이에 그 진리에는 관심을 두지 않은 채 시간과 공간의 무감각한 견딤으로 전개되거나, 거꾸로 일시적이거나 부분적인 진리를 온전한 것으로 받아들여 맹목적으로 헌신하는 어리석음을 범하기도 한다. 이런 양면의 어리석음으로부터 벗어나려면 어떻게 해야 할까? 이 물음에 대해 장자는 의외로 단순한 해답을 우리에게 제시한다.

> "우리가 보기에는 오리의 다리가 짧아 보이지만 그렇다고 억지로 늘여주면 고통을 더해줄 뿐이다. 마찬가지로 학의 다리가 길다고 잘라주어도 아픔만 따를 뿐이다. 그러므로 두려워하거나 괴로워할 까닭이 없다. (유교에서 말하는) 인의(仁義)가 사람들의 본래 특성일 수 있을까? 오히려 저 사람들은 그것 때문에 불필요한 괴로움만 만들어내고 있는 것인지 모른다." 「변무」

장자는 인간의 세상에 인의(仁義)로 상징되는 도덕질서를 세우고자 했던 유교사상가들에 대해서도 비판적이었음을 확인할 수 있는 구절이다. 그는 오히려 그 도덕들이 자연의 흐름을 방해하면서 온전한 진리로 다가가는데 장애가 될 수 있음을 경고하고자 한 것으로 보인다. 실제로 관습이나 관행이라는 이름으로 통용되는 좁은 의미의 도덕은 자유롭고 풍요로운 삶을 저해하는 요인이 될 수 있고, 그런 점에서 관습적인 도덕에 대해 비판적인 눈길을 던지는 자율적인 윤리가 함께 작동해야만 온전한 윤리일 수 있다.

자신의 유전자와 성장배경, 교육 등을 통해 형성된 도덕에 대해서 어느 시점에서는 한발 물러서서 성찰할 수 있어야만 제대로 된 삶을 이끌어갈 수 있다. 진리를 향하는 우리의 항심(恒心)은 늘 간직하면서도 자신이 포착할 수 있는 진리가 지닐 수밖에 없는 절대적 한계에 대해서도 충분히 유념하는 사람들이 많아졌으면 좋겠다. 그럴수록 우리 개인의 삶은 더 행복해지고, 우리가 함께 이루어가는 사회 또한 배려와 관용이 일상적으로 작동하는 성숙함의 수준을 확보할 수 있을 것이기 때문이다.

맺음말

우리 일상 속에서 고전과 어떻게 만나야 할까?

우리 시대에 책과 만나는 일은 결코 쉽지 않은 과제에 속한다. 지하철에서 책을 펼쳐들고 있는 사람은 지속적으로 줄어들고 있는데 비해, 휴대전화를 들여다보는 사람은 거의 폭발적으로 늘어가고 있는 현상이 그 증거라고 할 만하다. 물론 휴대전화 화면을 통해 이북(e-book)으로 불리는, 전자책을 보고 있는 사람도 있겠지만, 그 비중은 그리 높지 않은 것 같다.

그런데 세기가 바뀔 때마다 종이책의 시대는 끝났다고 단언하는 예언가들이 나타났던 것에 비추어보면, 종이책의 생명력은 생각보다는 더 강하다는 느낌도 든다. 광화문과 종로를 중심으로 대형책방이 여전히 유지되고 있고, 인터넷 책방의 매출 또한 증가추세이다. 그 이유가 무엇일까? 아마도 두 가지 정도를 생각해볼 수 있을 것 같다. 하나는 짐승의 뼈나 파피루스 같은 종이의 초기물들이 지니고 있던 구체적인 물질감이 주는 따뜻한 느낌에 인류가 익숙해져 있기 때문인 것으로 보인다. 다른 하나로는 종이책을 라면받침으로 쓸 수도 있고 베개 아니면 눈가리개로도 쓸 수 있는, 그 쓸모의 다양성을 생각해볼 수 있다. 물론 두 번째 이유는 약간의 농담 같은 느낌도 주는 것이지만, 조금 더 생각해 보면 우리 집에 있는 책들이 장식품이면서도 가끔씩 하릴없는 지루함과 공허감이 밀려오는 시간에는 문득 책 자체로 다가올 수 있다는 점에서 종이책만이 지닐 수 있는 매력으로 꼽을 수 있다.

그 책 중에서도 고전(古典)은 사실 더 부담스럽게 다가오는 책이다. 우선 고전의 주인공인 저자인 공자나 소크라테스 같은 인물이 주는 부담감이 만만치 않다. 그들의 삶 자체가 평범한 우리들이 모방할 수 없을 것 같은 느낌으로 다가오기 때문이기도 하고, 그들의 말을 이해하는 일 또한 쉽지 않을 것 같다는 느낌을 주는 번역서의 한계 때문이기도 하다. 우리 고전도 어렵게 다가오기는 마찬가지다. 고려 시대를 대표하는 승려인 지눌의 '수심결'은 그 제목부터 생소하고, 좀 더 익숙한 조선 선비 율곡의 '격몽요결' 또한 한문으로 된 책을 번역해 놓은 것일 뿐만 아니라 당시의 낯선 문화를 담고 있어 쉽게 다가오지 않는다. 말만 우리 고전이지 실제로는 외국 고전과 그다지 다르지 않은 것이다.

우리가 이런데도 아이들에게 고전을 읽으라고, 꼭 읽어야 한다고 강요하기는 어려운 일일 뿐만 아니라, 바람직한 일도 아니다. 우선 부모나 교사의 입장에 있는 어른이 고전과 만나는 기회를 가진 후에 자신의 판단에 따라 그 시기에는 꼭 이런 고전과 만났으면 좋겠다는 권고를 할 수 있을 뿐인지 모른다. 그렇지 않고 단지 대학에 가는데 도움이 될 것이라는 막연한 기대로 초등학생 때부터 고전과 억지로 만나게 할 경우에, 독일 철학자 헤겔(F. Hegel)이 고등학생들에게 철학을 어설프게 가르치면 철학에 대한 혐오감만 가지게 된다는 우려처럼 고전에 대한 혐오감만 심어줄 가능성이 매우 높다. 불행히도 우리 주변에는 그런 방식으로 아이들에게 고전을 강요하는 부모들이 없지 않다.

그럼 어떻게 하면 우리가 먼저 고전과 만날 수 있을까? 이 물음에 대한 단 하나의 답은 물론 없지만, 함께 생각해볼 수 있는 몇 가지 방안을 있을 수 있다. 우선 고전과 만나는 일 자체가 목적일 수 없다는 사실을 확인하는 데서 출발할 필요가 있다. 고전을 읽는 것 자체가 무슨 대단한 의미가 있다고 생각하는 것은 자칫 특정 계층 내지 세력에게 지식권력이 독점되어 있을 때 그들이 내세웠던 명분과 차별을 자신도 모르는 사이에 받아들이는 결과를 초래할 수 있다. 아무리 고전이고 위대한 사상가라고 해도 내 삶과 연결지을 수 없다면 아무런 의미도 지닐 수 없을 뿐만 아니라, 논리학에서 말하는 권위 의존에의 오류를 범하는 일일 수 있다.

다음으로는 자신의 일상 속에서 직면하게 되는 철학적 물음을 회피하지 않는 태도를 들 수 있다. 이 철학적 물음에는 죽음 같은 심각한 것도 포함되지만, 삶의 지루함이나 일상적인 고통 같은 주제에서 시작하는 것이 더 바람직하다. 왜 마음먹은 대로 되지 않는지, 또 마음먹은 대로 성공을 거두었음에도 그 행복감이 오래 지속되지 못하는지와 같은 문제와 정면으로 마주하면서 우선 자신의 사유를 전개하고 가능한 범위 안에서 친구관계 같은 관계 속으로 확장해가는 노력이 필요하다. 그러는 좀 더 깊이 있는 논의가 필요하겠다는 생각이 들 때야 비로소 고전의 저자들과 만나는 게 좋다. 그러려면 그 상황과 맞는 고전이 무엇이 있을지를 찾아보아야 하고, 우리의 이 책도 그 지점에서 도움을 줄 수 있기를 기대한다.

고전이라고 해서 첫 장부터 시작해서 끝까지 읽어가려고

노력할 필요는 없다. 아마 우리들은 삶의 어느 지점에서 그런 노력이 처참하게 실패했던 아픈 기억을 갖고 있을 것이고, 그 실패를 반복할 이유는 없을 것이다. 오히려 끌리는 장이나 쪽에 초점을 맞춰 읽어가면서 자신의 문제 상황, 즉 화두(話頭)와 만날 수 있는 구절이나 행간(行間)을 찾아보려고 하는 것이 바람직한 방향이다. 가끔씩 어떤 구절에 붙들려 하루 종일 떠올리게 되는 경험을 할 수도 있고, 곱씹으며 자신의 삶 속으로 자연스럽게 불러들이게 되는 성과를 거둘 수도 있다. 이 지점에 이를 때쯤이면 이미 고전의 저자는 역사 속 인물이 아니라 나 자신과 눈높이를 맞추며 진지한 대화를 나누고 있는 따뜻한 친구가 되어있을 가능성이 높다.

고전에 절대적인 권위를 부여하지 않는 노력은 시민이 지니고 있어야 할 기본자세 중 하나이다. 특정 종교의 경전이라고 할지라도 먼저 시민의 관점에서 접근하고자 할 필요가 있고, 그 필요성은 시민의 역량과 윤리에 의해서만 비로소 시민사회가 구성되고 유지될 수 있다는 기본 전제에서 비롯되는 것이다. 그런 점에서 고전(古典, classic)은 이해를 전제로 하는 분석과 해석의 대상인 텍스트(text)로 받아들여져야만 한다. 그러면서 동시에 그 고전의 저자 또는 주인공이 살았던 시대적 배경과 한계를 충분히 고찰하면서 현재의 관점으로 재해석하여 받아들이고자 하는 자세를 갖추어야 한다. 서양 윤리학의 토대를 마련한 아리스토텔레스도 여성의 인권은 인정하지 않았고, 조선 후기 사상을 대표하는 사람 중 하나인 다산 정약용도 신분 사이의 구분과 차별은 엄격하게 유지되어야 한다고 생각했음을 상기해볼 필요가 있다. 그런 문제들이 그들 자신의 한계라기보다는 시대적 배경으로 인한 한계로 인정하면서 현재적 재해석을 해야만 하는 것이다.

이와 같이 우리 일상 속에서 고전과 만나는 방법은 특별할 게 없다. 일상의 도도한 흐름에 온전히 내맡기지 않는 거리 유지의 자세를 출발점으로 삼아 자신만의 철학함 공간을 마련하고, 사유와 대화의 시간과 공간을 확보하고자 하는 것이 그 출발점이다. 그런 후에 좀 더 깊이 있는 대화나 지혜가 꼭 필요한 지점이라는 느낌이 다가올 때 떨치지 말고 서재에 있는 고전 중 하나를 고르거나 책방에 나가 고전으로 인정받고 있는 책을 한 권 고를 수 있으면 된다. 그럴 때도 처음부터 끝까지 읽어내겠다는, 다소 무모한 도전보다는 눈길과 마음이 가는 데 멈춰 서서 깊이 읽어가며 저자가 대화의 상대자로 나서주기를 기대해볼 수 있다. 항상 그 기대가 충족되지는 않을 테지만, 어느 순간 한번만이라도 대화를 나눌 수 있게 되면 고전이 지니는 매력을 느끼는데 부족함이 없을 것이다. 우리들이 함께하고 있는 이 순간이 그런 대화의 가능성을 조금이라도 높여줄 수 있는 시간이었으면 좋겠다는 바람을 가져본다.

참고문헌
(읽을 만한 고전 번역본)

1. 금강경
각묵 역주(2010), 『금강경 역해』, 불광출판사.
박영호 역주(2001), 『금강경-다석사상으로 본 불교』, 두레.
일감 역주(2015), 『금강경을 읽는 즐거움』, 민족사.

2. 수심결
오광익 역(2017), 『수심결-개정판』, 동남풍.
해주 역주(2009), 「목우자 수심결」, 『지눌』, 한국전통사상총서 간행위원회.

3. 격몽요결
김학주 옮김(2013), 『격몽요결』, 연암서가.
이민수 옮김(2003), 『격몽요결』, 을유문화사.

4. 논어
김원중 옮김(2017), 『논어』, 휴머니스트.
심형찬 옮김(2016), 『논어』, 홍익출판사.

5. 꾸란
김용선 옮김(2002), 『코란(꾸란)』, 명문사.

최영길 옮김(2015), 『꾸란 주해』, 세창출판사.
마이클 쿡, 이강훈 옮김(2003), 『코란이란 무엇인가』, 동문선.

6. 니코마코스윤리학
이창우 외 옮김(2008), 『니코마코스윤리학』, 이제이북스.
천병희 옮김(2013), 『니코마코스윤리학』, 숲.
최명관 옮김(2008), 『니코마코스윤리학-개정판』, 창.

7. 윤리형이상학 정초
백종현 옮김(2014), 『윤리형이상학 정초』, 아카넷.

8. 국가
박종현 역주(2017), 『국가〔政體〕』, 서광사.
천병희 옮김(2013), 『국가』, 숲.

9. 정의론
황경식 옮김(2003), 『정의론』, 이학사.

10. 공리주의
서병훈 옮김(2007), 『공리주의』, 책세상.
이을상 옮김(2011), 『공리주의』, 지만지.

11. 목민심서
다산연구원 엮음(2005), 『정선 목민심서』, 창비.

이을호, 다산학연구원 엮음(2015), 『목민심서』, 한국학술정보.

12. 동물해방
김성한 옮김(2012), 『동물해방』, 연암서가.

13. 신약성서
대한기독교서회 편(2017), 『개역개정 포커스 성경』, 대한기독교서회.
분도출판사 편집부 엮음(1998), 『신약성서-한국천주교회 200주년 신약성서』, 분도출판사.
박경미(2014), 『신약성서-새로운 삶의 희망을 전하다』, 사계절.

14. 도덕경(노자)
오강남 옮김(1995), 『도덕경』, 현암사.
장석만 옮김(2017), 『도덕경』, 돋을새김.
정세근(2017), 『노자 도덕경』, 문예출판사.

15. 장자
김학주 옮김(2010), 『장자』, 연암서가.
안동림 옮김(2010), 『장자』, 현암사.

* 고전 공부에 참고할 만한 다른 문헌들

김학철(2016), 『아무 것도 아닌 것들의 기쁨: 사도 바울과 새 시대의 윤리』, 문학동네.

레페스포럼 기획(2017), 『종교 안에서 종교를 넘어: 불자와 그리스도인의 대화』, 모시는사람들.

박병기(2016), 『딸과 함께 철학자의 길을 걷다』, 작가와비평.

신영복(2004), 『강의: 나의 동양고전 독법』, 돌베개.

정수복(2015), 『응답하는 사회학-인문학적 사회학의 귀환』, 문학과지성사.

뤼후이전, 박소영 옮김(2017), 『1교시 철학수업: 비판적 시민을 기르는 프랑스 교실의 비밀』, 이터.

알랭 바디우, 현성환 옮김(2008), 『사도 바울: '제국'에 맞서는 보편주의 윤리를 찾아서』, 새물결.

우리는 어떤 삶을 선택할 수 있을까

–인류 고전 15권에 묻고 스스로 답하다

발행일 1쇄 2018년 2월 20일
3쇄 2020년 5월 4일

지은이 박병기

펴낸이 여국동

펴낸곳 도서출판 인간사랑

출판등록 1983. 1. 26. 제일–3호

주소 경기도 고양시 일산동구 백석로 108번길 60–5 2층

물류센타 경기도 고양시 일산동구 문원길 13–34(문봉동)

전화 031)901–8144(대표) | 031)907–2003(영업부)

팩스 031)905–5815

전자우편 igsr@naver.com

페이스북 http://www.facebook.com/igsrpub

블로그 http://blog.naver.com/igsr

인쇄 하정인쇄 **출력** 현대미디어 **종이** 세원지업사

ISBN 978–89–7418–375–2 03100

이 도서의 국립중앙도서관 출판시도서목록(CIP)은 서지정보유통지원시스템 홈페이지(http://seoji.nl.go.kr)와 국가자료공동목록시스템(http://www.nl.go.kr/kolisnet)에서 이용하실 수 있습니다.(CIP제어번호: CIP2018003343)